2ª Edição

PENSAMENTOS
para Aspirantes ao Caminho Espiritual

(Primeira Série)

2ª Edição

PENSAMENTOS
para Aspirantes ao Caminho Espiritual

(Primeira Série)

Compilado das Notas e
Escritos de N. SRI RAM

Tradução:
Pedro R. M. de Oliveira

Título do original em inglês
THOUGHTS FOR ASPIRANTS

Quinta edição ampliada: 1957,
The Theosophical Publishing House,
Adyar, Madras, Índia

R165

N. Sri Ram

Pensamentos para aspirantes ao caminho espiritual / N. Sri Ram. Tradução, Pedro R. M. de Oliveira – 2ª ed. – Brasília: Editora Teosófica, 2017.
176 p.

ISBN: 85-85961-50-3

I. Teosofia
II. Título

CDD 212

Revisão: Zeneida Cereja da Silva
Diagramação: Helkton Gomes – Fone (61) 8485-2561
helkton@hotmail.com
Capa: Fernando Lopes
Impressão: Gráfika Papel e Cores (61) 3344-3101
E-mail: comercial@papelecores.com.br

Direitos Reservados à
EDITORA TEOSÓFICA
Sig Sul Qd. 6 Lt. 1.235
70.610-460 – Brasília-DF – Brasil
Tel.: (61) 3322.7843
E-mail: editorateosofica@editorateosofica.com.br
Site: www.editorateosofica.com.br

Com a espada da minha vontade
eu esculpo para mim mesmo
um trono no reino do Espírito,
ao qual ascenderei.

Prefácio do Tradutor

As palavras podem significar coisas diferentes para pessoas diferentes. Elas estão carregadas fortemente pela subjetividade de cada um, que, por sua vez, é formada, condicionada pelo "senso comum" e pela visão de mundo comum, e integrantes de uma determinada cultura ou sociedade.

Uma das palavras que significam coisas diferentes para pessoas diferentes é *espiritualidade*. Para alguns – talvez muitos – a espiritualidade seja o conjunto de crenças que uma pessoa carregue consigo, a base de sua visão de mundo, seu refúgio diante das vicissitudes da vida ou algo do tipo. Para outros a espiritualidade pode significar certas disciplinas a serem seguidas, um código a ser obedecido, uma tradição a ser preservada. Mas talvez a genuína espiritualidade não seja nenhuma dessas coisas.

Certamente as grandes religiões do mundo – o Cristianismo, o Budismo, o Hinduísmo, o Islamismo, entre outras – são repositórios variados de manifestação espiritual, entendendo a palavra como uma busca da unidade fundamental entre o ser humano e o cosmos no qual vive. A sombra do fanatismo e da superstição escurece todas as tradições religiosas na exata proporção em que a espiritualidade é reduzida a uma ortodoxia, a uma mera repetição de fórmulas sem o fogo vivo da compreensão e do esclarecimento. Como Jonathan Swift com razão afirmou, "temos religião suficiente para fazer-nos odiar, mas não o suficiente para fazer-nos amar uns aos outros". A filiação compulsiva e não esclarecida a uma tradição religiosa gera como fruto o sectarismo, a intolerância e o estreitamento mental. Muitas das guerras que hoje vigoram no mundo têm raízes de intolerância religiosa. A religião pode existir, paradoxalmente, sem espiritualidade.

O texto que ora se publica explora o significado e o alcance que a espiritualidade pode ter, pois ele é um produto de mais de sessenta anos de reflexão, trabalho e estudo do autor. São seleções de pensamentos sobre determinados temas essenciais à busca espiritual, a esse anseio não definido e difícil de descrever, mas que constitui a motivação de muitas e muitas pessoas através do mundo: conhecer o significado da vida e o propósito de sua existência.

O autor, Nilakanthan Sri Ram, foi o quinto Presidente Internacional da Sociedade Teosófica, sendo que anteriormente ele serviu como secretário particular da Drª Annie Besant e também foi editor de seu semanário New Índia, um jornal dedicado à causa da independência da Índia. Atuou também como professor e diretor nas escolas mantidas pela Sociedade Teosófica naquele país. Viajou extensamente pelo mundo, tendo estado no Brasil em duas oportunidades, onde, segundo vários depoimentos, deixou a mais bela impressão: a de um ser humano gentil, discreto, de uma influência benéfica e soerguedora.

Assim, *Pensamentos para Aspirantes ao Caminho Espiritual* preenche uma grande lacuna na literatura teosófica existente em português, pois esse é o primeiro livro de Sri Ram publicado em nossa língua. Que esta edição possa ser seguida de outras de sua pequena, mas profundamente significativa obra. No texto, que ora se coloca à disposição do público, encontram-se reflexões de alguém que vive a espiritualidade de uma maneira completa e, portanto, suas reflexões podem auxiliar aqueles aspirantes em diferentes estágios da busca.

Sumário

Seção		Página
1	Autorrealização	11
2	Vontade	21
3	Verdade	29
4	Sabedoria	37
5	Amor	47
6	Beleza	57
7	Unidade	65
8	Individualidade	75
9	Liberdade	81
10	Realidade	91
11	Harmonia	95
12	Felicidade	99
13	Paz	103
14	Espírito de Auxílio e Serviço	109
15	Humildade e Simplicidade	117
16	Compaixão e Gentileza	123
17	Dando e Recebendo	127
18	Fraternidade	135
19	Espiritualidade	139
20	A Arte de Viver	149
21	Em Direção às Estrelas	159
22	O Mestre	165

1

Autorrealização

O processo inteiro de evolução, para o Espírito, é um despertar para as verdades, e os meios de implementação dessas verdades, que estão eternamente presentes nele próprio. O que está implícito tem de tornar-se explícito.

-oOo-

O que o ser humano realmente busca não é a perfeição que está no futuro, mas o preenchimento que está sempre no presente.

-oOo-

Conhecer o não Eu em nossa natureza é o caminho para o conhecimento do Eu.

-oOo-

Deve-se buscar nas profundezas da consciência o centro vitalizante do ser, a origem fundamental de todos os seus desenvolvimentos.

-o0o-

Quando você descobrir por si mesmo, embora obscuramente, que está enraizado em algo infinitamente vasto e potencial, você terá descoberto o solo que inconscientemente está se transformando numa árvore muito maravilhosa, a árvore da vida unida com o conhecimento.

-o0o-

Progresso, do ponto de vista do Espírito, é de cume a cume; de uma forma de perfeita síntese à outra; de uma totalidade a uma outra totalidade ainda mais bela.

-o0o-

Não anseie por algo que dará uma maior presunção ao eu, mas por uma realização mais verdadeira daquele Eu inegoísta que é o centro e a origem de cada ser.

-o0o-

Se você penetrar em si mesmo, descobrirá o quanto de você é um amálgama de egoísmo e convencionalismo.

-o0o-

O ser humano tem de descobrir por si próprio que o que ele pensa ser, o que ele chama "eu mesmo", é uma ilusão, um *maya*; é apenas uma capa de muitas cores como aquelas que aparecem numa bolha à luz do sol.

-oOo-

Já que todas as verdades pertencentes a uma pessoa são realizações nela mesma, elas devem ser parte de nós mesmos, de nosso ser realizado.

-oOo-

Nós temos de atingir a verdadeira e perfeita expressão daquilo que é mais íntimo em nós mesmos – o que é a libertação de nós próprios de nossa prisão pessoal.

-oOo-

O significado de todo o Universo está contido no Eu. Este Eu está no coração de cada ser humano, e está em sua própria natureza buscar este significado através da ação e da experiência.

-oOo-

O caminho da autorrealização, como descrito nos livros antigos, é o caminho de repúdio, uma desassociação de todas as coisas externas ao Eu.

-oOo-

O ser humano começa a revelar aquilo que ele eternamente é somente através da confiança em si mesmo. A singularidade que constitui cada ser individual é a verdadeira separação entre o eu e o Eu, entre o centro individual e o *Manas* universal.

-oOo-

O ser humano é mais do que o seu ambiente. É da qualidade inata do Espírito nele, sua mina interna, que ele retira aquelas ideias – suas intuições que unificam suas percepções do mundo externo instantaneamente com um valor qualitativo, e não quantitativo, e que ele incorpora nas obras de sua cultura – aquelas realizações que pertencem não somente a um tempo particular, mas a todos os tempos, e assinalam a senda de seu progresso ascendente.

-oOo-

Você nunca pode compreender nada com a mente, a menos que você já tenha compreendido intuitivamente num estado passivo. O que é primeiro conhecido interiormente, na região que para nós é escura, e mais tarde trazido à luz.

-oOo-

Exclua todo pensamento perturbador, e você encontrará aquele instinto de retidão, que é o instinto da Natureza.

-oOo-

Aquele que se tornou o mestre de si mesmo pode tornar-se mestre de tudo o que está relacionado a si mesmo. Automaestria implica autoconhecimento e aquela autossuficiência que se encontra somente no amor.

-oOo-

Nossos desejos são amiúde a progênie de nossas fraquezas; nossas fantasias, a criação de nossos desejos; e estas fantasias, quando se tornam ajustadas à estrutura de nossas mentes, estão todas muito propensas a serem confundidas com fatos.

-oOo-

Lembre-se de que todo o sentido de importância própria é meramente uma avaliação do eu pelo eu.

-oOo-

Somente quando o ser humano compreender que não há em si mesmo nenhum centro em torno do qual ele pode construir algo permanente, que ele começará a buscar e poderá encontrar aquele verdadeiro centro que está em toda a parte e em lugar nenhum.

-oOo-

Cuidado com o verme da autopresunção, que se alimenta das faltas dos outros; destrua o senso de autoimportância, que devora como um câncer o botão de flor de suas puras aspirações.

-oOo-

Na progressiva realização daquela liberdade que reside eternamente no Eu, e na transcendência do *karma*, que tem lugar simultaneamente, está o progresso da alma.

-o0o-

Conheça por si mesmo o caminho pelo qual você deve ir – não dependa de outros.

-o0o-

Sou apenas eu que forjo em outros lábios as palavras que me podem ferir.

-o0o-

Nosso crescimento consiste não meramente num aumento de ideias, mas também numa capacidade de sentir de um milhão e uma maneiras diferentes.

-o0o-

A noite escura deve descer antes de um novo amanhecer. Não deve, então, nossa natureza inteira retornar a uma virgindade primeva antes que ela possa fazer brotar a nova flor mais rara?

-o0o-

O Solitário é a unidade, e o "voo do solitário ao Solitário" é um processo de realização, que é atingido em perfeita tranquilidade. Quando você está solitário no puro sentido espiritual, o que é um distanciamento de tudo o que em você mesmo tem sido moldado a partir de fora, você encontra a si mesmo naquele outro Solitário que é a Unidade incriada.

-oOo-

Cada um deve descobrir a celestialidade, o Universo em expansão que é seu próprio ser.

-oOo-

Antes que possamos transcender as limitações, seja em nossa própria natureza ou nas circunstâncias em torno de nós, devemos tentar entender o que é que elas estão pretendendo ensinar.

-oOo-

Cada um deve descobrir seu próprio caminho na vida, e este caminho está em seu coração. Que ele penetre intensamente nas profundezas de seu ser; seu verdadeiro centro não está longe de lá.

-oOo-

Cada retirada prematura da batalha da vida, meramente porque ela envolve tensão e esforço que pensamos ser demasiados para nós, falha em preencher o objetivo pelo qual entramos nessa batalha.

-oOo-

Progresso, seja para indivíduos, grupos ou o todo da humanidade, é alcançado pelas escolhas decisivas feitas de tempos em tempos, e forçado pelo desenvolvimento de uma situação que, quando aumenta, clama por resolução. A vida na matéria é uma série de crises e resoluções.

-o0o-

Ninguém pode obter um verdadeiro conhecimento de si mesmo sem enfrentar a adversidade e sobrepujar as dificuldades. Mas ao desenvolver o dinamismo, para sobrepujá-las, não deve haver qualquer resquício do espírito de agressão e engrandecimento.

-o0o-

No momento em que estivermos cônscios de um impedimento, em nossa natureza, àquele preenchimento que toda Vida inconscientemente busca, estaremos no caminho de sua abolição.

-o0o-

A alegria e a dor, o alcançar e o retroceder – todos são reunidos finalmente na experiência de uma realização da qual nada daí em diante pode alijar-nos.

-o0o-

É a direção de nosso progresso que importa – não onde nós estamos no presente.

-o0o-

O ser humano, em sua própria natureza verdadeira, é eternamente livre e bem-aventurado; ele necessita apenas compreender esta verdade e conhecer a si próprio, afastando-se de todas as outras coisas que não o seu Eu. Somente isso constitui sua verdadeira liberação.

-o0o-

Não sou nem mais, nem menos, do que uma lei de expressão da Vida.

-o0o-

Cada um de nós contém dentro de si mesmo a fórmula de sua criação, sua singularidade, de acordo com a qual está sua expansão no tempo, a curva de seu progresso.

-o0o-

Eu luto comigo mesmo; eu não posso escapar de mim mesmo; que eu remodele a mim mesmo em termos daquilo que é Universal.

-o0o-

Para aquele que compreendeu a si próprio como o Eu uno, não há pesar, contratempo, perturbação.

-o0o-

Nenhum indivíduo pode essencialmente falhar. A Divindade que desce à humanidade está destinada a readquirir seu estado original.

-o0o-

Virá a hora de dissolver as amarras e os apegos do tempo, forjados pela memória e centrados no eu.

-oOo-

E somente quando há autoconhecimento, resultando em perfeito controle e unificação de nós mesmos, que podemos oferecer nossa vontade para ser parte da Vontade Espiritual una, que em realidade está em nós mesmos e *é* nós mesmos.

-oOo-

2

Vontade

Não há nada em toda a Natureza exceto a Vontade do Divino. É a Vontade do Centro único de cada círculo de vida.

-oOo-

Temos ainda que descobrir o verdadeiro incentivo, a Vontade interna que terá um efeito dominante sobre nossas vidas, e contudo estarmos presentes em cada circunstância e incidente.

-oOo-

A vontade não é o focalizar de diversas energias num ponto superficial, mas o focalizar de você mesmo em seu centro. Já que este centro não tem espaço ou localização, sua consciência pode atuar em qualquer ponto.

-oOo-

O que nós chamamos "querer" é amiúde apenas uma inflação de nós mesmos, acompanhada de uma obstinação.

-o0o-

Vontade é movimento de um estado de autotranscendência a um estado de autoimanência.

-o0o-

Desejo é apenas vontade invertida. É um puxão da matéria, ao invés do livre movimento do Espírito.

-o0o-

Ação e entendimento estão unificados na Vontade. Um ato de vontade que não carrega dentro de si mesmo o entendimento não é de forma alguma verdadeira vontade.

-o0o-

É difícil para nós conhecermos a natureza da Vontade livre, porque em sua forma absoluta ela reside somente naquela abstração transcendente que é o centro e a origem de todas as coisas.

-o0o-

Na Vontade Espiritual não há a coerção de um eu teimoso, pois a Vontade é una e move-se como um todo.

-o0o-

A Vontade é aquele elo que conecta a não dimensão com todas as dimensões; ela não é determinada por nenhum fim exterior, mas segue um fim interior.

-oOo-

O que nós chamamos sorte é ainda um vasto elemento em nossas vidas. Deverá chegar o dia em que o determinismo de nossa vontade prevalecerá totalmente.

-oOo-

A verdadeira autodeterminação tem seu surgimento em um ponto adimensional. Ela não deve ser confundida com qualquer reação pessoal. Para surgir e ter lugar, ela necessita de uma mente e um coração vazios de todas as predileções e preconceitos.

-oOo-

O que nos mantém representando nosso papel e percorrendo de novo os três mundos inferiores não é um ditado Divino, mas nós mesmos, nossa própria vontade de viver, que vem de dentro de nós.

-oOo-

O que é chamado vontade do Espírito é uma força que leva à Verdade que está no interior, através de um movimento apropriado, à sua devida forma.

-oOo-

A vontade é um produto da integridade, não um fruto de contradições.

-oOo-

Querer espiritualmente, originalmente e fundamentalmente; sempre dar a essa vontade uma expressão vibrante, criativa e multiplicadora; que este seja nosso constante propósito.

-oOo-

O tempo é um desenrolar da consciência num rodopio contínuo. O que este rodopio exibirá? É a maneira na qual a vontade gira que determina o caráter da exibição.

-oOo-

Iniciativa própria é vontade no verdadeiro sentido.

-oOo-

Quando tudo é entregue ao Supremo, o indivíduo dissolveu a falsa vontade do egoísmo e separatividade e age com a verdadeira Vontade una, a Vontade invisível em todas as coisas.

-oOo-

É somente nos planos de separação que a vontade encontra resistência, pois a vontade do *Ātman* é irresistível, por causa da perfeita identidade entre aquele que quer e o que é querido.

-oOo-

O ser humano possui a faculdade de ação planejada, consciente e coletiva e, portanto, o processo pelo qual a Natureza move sua corrente de mudança e expansão é acelerado por ele e por todas as outras coisas dentro da esfera de sua influência, de seu poder e inteligência.

-oOo-

A verdadeira vontade nunca se tensiona, ela nasce no silêncio. Ela inclui tanto o pensamento como o sentimento. Ela é imovível por qualquer coisa externa a si própria. Quando eu não tenho vontade pessoal, eu posso atuar com a vontade mais forte do mundo. Quando eu sei que a Vontade una está em tudo, todo conflito é abolido.

-oOo-

A vontade deve mover-se num caminho próprio, autoisolada. Os obstáculos podem impedir a ação, mas eles não podem impedir a vontade por detrás da ação possível.

-oOo-

Devemos transformar o corpo, as emoções e a mente em instrumentos completamente obedientes e flexíveis da Vontade Espiritual, na qual há somente movimento; sem obstinação, sem insistência.

-o0o-

A vontade é um Rei exilado, cujo reino é governado por um pretendente.

-o0o-

A vontade de Deus está em todas as coisas. Mas a vontade pessoal do ser humano a obscurece, como um negativo pode obscurecer o sol distante, enquanto Deus e o ser humano estão separados.

-o0o-

O ser humano tem em si o poder de determinação, de escolha inteligente, da vontade de fazer uma coisa e de então fazê-la.

-o0o-

Vontade não é obstinação, nem tirania, mas autodirecionamento.

-o0o-

Cada um de nós deve despertar aquela Vontade oculta em si mesmo que perdurará até o fim.

-o0o-

Você deve tornar-se o agente para o seu próprio puro, nativo e mais sublime Eu – excluindo toda outra infiltração – o invólucro de seu próprio Eu, ao invés de uma organização egoísta.

-oOo-

Querer o fim perfeito é também querer os meios, pois a perfeição começa desde agora. Na verdadeira Vontade una, fim e meios estão unificados.

-oOo-

Nós devemos querer ousar sempre e desafiar todas as coisas, transbordar de iniciativa, e contudo permanecer nos limites de uma eterna harmonia e síntese.

-oOo-

Que sua coragem cresça com as dificuldades. Não haveria vontade se não houvesse resistência.

-oOo-

Determine-se a resolver todos os problemas criados pelo movimento dos opostos e sobrepuje todas as dificuldades; por mais difíceis que sejam as circunstâncias da vida, por maiores que sejam as crises, mantenha a inabalável convicção de que você, invencível e eterno, permanecerá e se elevará.

-oOo-

Uma vez que a verdadeira Vontade é despertada, ela nunca mais poderá adormecer novamente. Uma vez que é formada a conexão entre o ápice da verdadeira natureza de um ser humano e sua base no reino da matéria, esta conexão não pode, geralmente, cessar de existir. É pelo poder do *Ātman*, o Deus interior, que ele realiza aquilo que de outra maneira seria um aparente milagre.

-oOo-

3

Verdade

O que é a Verdade? Ela é um objeto de conhecimento? Um objeto de amor e do conhecimento que está na origem do amor? Ou ela consiste, ainda mais do que isso, numa identificação universal do eu, possibilitando a incorporação da essência de cada outro ser em si próprio, e o viver uma vida que é a cada momento uma perfeita consumação de si mesmo? Neste caso, Verdade é um vir-a-ser, mas com uma qualidade de finalidade, um progressivo atingimento e contudo uma realização. Verdade é Vida em seu mais elevado e mais evoluído estado, a mais plena revelação de sua essência.

-oOo-

Antes que possamos receber em nossos corações a Verdade que emana da parte mais profunda de nós mesmos, temos de ser preparados por uma purificação, um batismo, não meramente com água mas também com fogo.

-oOo-

Cada pensamento fugaz, cada fantasia passageira pode fazer ou desfigurar a imagem que deveria ser a perfeita representação da Verdade em si mesma.

-oOo-

Há um Sol Espiritual de Verdade e Sabedoria que dissipa nossa falsidade e ignorância, de quem provém a cor de cada individualidade espiritual, e em quem está a absoluta beleza, da qual tudo o que é belo é uma lembrança temporal.

-oOo-

A Verdade é uma e a mesma em todos os tempos, embora seja infinita em sua manifestação. Mas cada um deve encontrá-la pela percepção dela dentro de si mesmo. E cada um pode percebê-la somente na medida em que busca incorporá-la em sua vida, de tal modo que tudo o que ele é e faz torna-se mais e mais belo a cada dia.

-oOo-

Todas as virtudes são formas da Verdade; cada uma é um efeito procedente da natureza mesma da coisa.

-oOo-

O movimento do Espírito, sua ação, projeta a Verdade desde o interior, e fala em acentos de sabedoria, usando uma linguagem que é a própria linguagem da Verdade.

-o0o-

Todos os ideais são sonhos celestialmente inspirados, visões da Verdade que reside em sua plenitude no Eu espiritual ou Divino. Quando o ideal e o real são unos, pensamento e vida coincidem.

-o0o-

Toda Verdade espiritual, sendo viva, tem um dinamismo todo seu, que a traduz em ação.

-o0o-

A Verdade que buscamos deve ser a Verdade da experiência direta, na qual a distinção entre sujeito e objeto cessou de existir. Somente uma busca desinteressada pode resultar na Verdade, pois toda forma de autointeresse levará somente a uma criação que servirá àquele autointeresse.

-o0o-

A Verdade pertence à Vida, como os fatos pertencem à forma. Quando a natureza essencial da Vida é perfeitamente expressa na forma com a qual está vestida, ela se torna a forma da Verdade.

-o0o-

A visão da Verdade muda de momento a momento, de circunstância à circunstância; ela relaciona o objetivo ao subjetivo com uma qualidade toda sua, que os ilumina a todos.

-oOo-

Uma imaginação que é treinada na beleza é com isso treinada na Verdade.

-oOo-

É da natureza da Verdade agir sobre a consciência como que para atrair a consciência para si própria.

-oOo-

A Verdade não se inclina nem para este lado nem para aquele. Ela é equilibrada, imparcial e justa.

-oOo-

A Verdade à qual aspiramos deve incluir toda verdade que percebemos; ela deve expandir-se, elevar-se e ser suscetível de transmutação à medida que nossas percepções e experiências aumentem.

-oOo-

A Verdade é uma "terra sem caminhos", porque a Intuição não tem caminhos.

-oOo-

A Verdade retira-se para o fundo quando o orador sobre a Verdade está muito no primeiro plano.

-oOo-

Uma verdade que não emerge na forma de sua expressão apropriada é uma verdade destituída de poder.

-oOo-

Verdade, beleza e bondade permanecem ou caem juntas. Um teste da Verdade, portanto, é a bondade; outro é a beleza.

-oOo-

A Verdade é intrínseca. O que é intrínseco é importante, quer seja num veio de madeira ou no coração de um sábio.

-oOo-

A Verdade está dentro de nós, mas temos de tornar-nos cônscios dela; está envolvida em nosso ser e tem de evoluir dele, evolução esta que é tanto objetiva como subjetiva.

-oOo-

Porque a Verdade é una, não há verdade para o indivíduo fora de seu próprio viver.

-oOo-

Quando a Verdade é o centro do ser de alguém e o Amor irradia dali, todas as coisas são compreendidas e realizadas, pois os raios da Verdade são então levados a toda parte.

-oOo-

A Verdade não é propriedade de alguém. Ela não pode ser possuída, ela não pertence a ninguém, ou melhor, ela pertence a todos e a tudo.

-oOo-

Quando encontramos uma verdade aqui, tocando a consciência espiritual, ela é apenas uma lembrança ou reconhecimento de uma Verdade que conhecemos noutra parte, em recantos mais íntimos.

-oOo-

A Verdade é infinita, e à medida que penetrarmos mais profundamente nela, encontraremos ainda maiores profundezas, latitudes mais amplas e sempre novas dimensões.

-oOo-

Aquilo para o qual você pode entregar-se espontaneamente, sem reservas e sem qualificações, e contudo permanecer na plenitude de si mesmo, é a Verdade para você.

-oOo-

A Verdade é algo a ser experimentado, um estado de "ser em", que é também conhecimento interior.

-oOo-

A Verdade que buscamos deve preencher completamente nosso ser e derramar-se através de cada expressão nossa, em pensamento, sentimento e ação.

-oOo-

Aquele que compreendeu e incorpora em si mesmo apenas uma verdade de significado vital torna-se, por isso, um transmissor dessa verdade num grau tal que nenhuma soma de propaganda verbal pode fixar nos corações de outros.

-oOo-

Uma verdade é uma verdade para nossa consciência somente na medida em que ela é arrancada do vazio do abstrato e situada no cenário de seus próprios relacionamentos na vida. E a sua aplicação que testa um princípio e molda sua devida expressão.

-oOo-

O que você é no fundo de si mesmo é a Verdade de seu Ser. O que você parece e faz, deve fluir daquela Verdade e ser modelado por ela.

-oOo-

A verdadeira maneira de transmitir uma Verdade é através do autoesquecimento. Se você pode deixar a si mesmo de fora ao transmitir a verdade dentro de você, trazida à luz por sua própria experiência, então você é o verdadeiro ministro dessa verdade.

-o0o-

Da mesma forma que conhecemos uma cor somente por sua diferença de outras, necessitamos crescer em cada manifestação da Verdade para estarmos apercebidos de seu oposto.

-o0o-

Verdade em ação é verdade para alguém, sua própria natureza verdadeira, que é o estado natural.

-o0o-

A Verdade pode ser liberada por uma devoção que tem a qualidade de uma pura chama, que transmuta toda a escória em ouro, e penetra através dos véus de ilusão tecidos pelos sentidos e pela mente.

-o0o-

Algum dia projetaremos os raios da Verdade de dentro de nós, para a qual nada é impenetrável, de forma que chegaremos a conhecer a natureza de cada coisa como ela é, e vê-la naquela clara luz que revela todas as suas riquezas ocultas.

-o0o-

Feliz o ser humano que pode dizer: o eu em mim desapareceu e a Verdade tomou seu lugar.

-o0o-

É somente quando o eu tiver desaparecido que a Verdade no coração do ser, no coração de cada indivíduo, pode manifestar-se em sua pureza, sua essencialidade e todo o seu encanto e beleza.

4

Sabedoria

A Sabedoria é um aspecto de Deus que brilha através do Espírito criativo. Por isso, Sua Sabedoria está em todas as coisas, em seu ser, bem como em seu vir a ser, em cada coisa separada, bem como na totalidade.

-oOo-

A Sabedoria é antiga e contudo jovem, de perene encanto e inspiração, sempre vital e sempre crescente, porque a própria Natureza está crescendo e se expandindo. Ela é o produto do autoconhecimento obtido de todos os contatos e experiências humanos.

-oOo-

Na luz da Sabedoria de Deus, todo o conhecimento humano é apenas Ignorância.

-oOo-

A Sabedoria não é uma questão de aprender fatos com a mente; ela somente pode ser obtida pela perfeição do viver.

-oOo-

A Sabedoria é um princípio-raiz no ser humano, que tem de florescer em reto pensamento, reta ação e reto viver sob todos os pontos de vista.

-oOo-

É sábio o ser humano que é capaz de distinguir entre sua limitada sabedoria e sua ilimitada ignorância.

-oOo-

Não há Sabedoria sem amor. O coração do Amor, envolto em conhecimento, é transformado em Sabedoria.

-oOo-

A Sabedoria implica o conhecimento da vida juntamente com o conhecimento da forma, um conhecimento não somente de particulares, mas também daquilo que liga os particulares, a unidade neles.

-oOo-

Descobrir a lei de seu próprio ser e vivê-la é Sabedoria.

-oOo-

Trabalhar para Deus, para a Natureza, para os seus semelhantes, compreendendo a sinonimidade prática destes termos, é a única Sabedoria verdadeira.

-oOo-

Não é pelo conhecimento que a Sabedoria é medida, mas pela influência que o conhecimento exerce sobre nós, nossa atitude para com esse conhecimento. Por isso, quanto mais lacunas houver em nosso conhecimento, melhor será a ilustração do equilíbrio que deve caracterizar a Sabedoria.

-oOo-

A Sabedoria está no conhecimento da significação das coisas, significação essa que está na Vida interior delas.

-oOo-

É a aplicação que revela a força e o valor de toda a verdade. Um conceito que deixa de atuar deixa de manifestar sua verdade. A Sabedoria, não estando limitada pela mente, não se refreia de agir.

-oOo-

Não é possível obter nenhum conhecimento espiritual exceto preparando-nos para recebê-lo. Tem de haver o solo virgem no qual a semente divina possa criar suas raízes e crescer.

-oOo-

Conhecer a nós mesmos, pelo menos na medida em que somos capazes de ver a nós mesmos, é o primeiro passo para a Sabedoria, e tal conhecimento trará, progressivamente, tanto claridade como caridade.

-oOo-

A Sabedoria não é conhecimento, mas está no uso que fazemos do conhecimento. Ela surge do conhecimento guiado pelo amor. Usar o conhecimento com bondade é fazê-lo brilhar com um valor que reflete a Eternidade no tempo.

-oOo-

Não podemos separar um aspecto da Sabedoria de outro, nem o filosófico do científico, nem a sabedoria que está no coração da sabedoria que emana das mãos; em outras palavras, o ideal do prático.

-oOo-

A Sabedoria é um complexo somente do ponto de vista analítico interior; ela é na verdade uma abarcante retidão.

-oOo-

A Sabedoria brilha com uma qualidade dual de coragem e cautela.

-oOo-

Quando a Sabedoria é absoluta, a Razão pode estender-se indefinidamente em todas as direções, unindo todas as coisas numa perfeita ordem.

-oOo-

Sabedoria é aquela natureza projetada através do sujeito sobre o objeto, de um Centro, transcendendo a ambos e transformando a ambos numa forma de unidade.

-oOo-

Para obter seus fins, a Sabedoria deve chegar às verdadeiras relações entre as qualidades e as formas de percepção externa. Necessitamos conhecer não somente as relações entre as coisas como elas se mostram, mas também as coisas em si mesmas.

-oOo-

Sabedoria num indivíduo é a capacidade de reagir a qualquer pessoa ou a uma dada situação à luz de um conhecimento da verdadeira natureza de cada uma dessas coisas; é um princípio que incorpora a si mesmo e opera em qualquer conjunto de circunstâncias.

-oOo-

Sabedoria consiste não em expansão, mas numa perfeita integração. É *Brahmā* que se expande nas lacunas da matéria e cria matéria sempre nova, novas notas para todas as combinações possíveis. É *Vishnu* que expressa a Si mesmo na música que delas é feita.

-o0o-

    Ser consciente de sua própria ignorância é o começo da sabedoria, e uma ignorância das partes não incomodará o ser humano que atingiu um senso feliz de relacionamento com o todo. Toda verdade virá àquele que tem uma relação viva com as coisas, já que viver é crescer e progredir.

-o0o-

    Sabedoria não é uma questão de estudo, mas uma questão de vivência, e de ação segura que se eleva acima dos opostos.

-o0o-

    É a partir da natureza imaculada de uma eterna e oniabarcante Sabedoria que toda perfeita e requintada tendência na Natureza manifesta a si própria como um raio de um sol sempre existente, diferindo em seu efeito de acordo com a natureza do terreno sobre o qual ele cai.

-o0o-

    A sabedoria não pode ser comunicada por outro, pois ela é a fonte incomunicável que deve ser descoberta por você mesmo, da qual você colhe néctar como de uma flor invisível.

-o0o-

    Contemplar sem medo o que está por vir, o que pode vir, é em si mesmo uma condição de sabedoria. Estar oprimido pelo que pode acontecer no futuro, imediato ou remoto, e perder ou destruir o presente.

-oOo-

Sabedoria é aquela natureza que floresce como uma rosa, quando chega o tempo, no deserto espiritualmente estéril da vida imersa na ignorância.

-oOo-

Ser sábio é viver numa harmonia interior que finalmente supera todas as discórdias exteriores.

-oOo-

Nós não necessitamos da erudição da mente, a qual temos bastante, mas da Sabedoria da Alma, a habilidade de discernir a verdade por trás de toda máscara de autoengano e falsidade. Pode-se carregar uma vasta carga de erudição e contudo ser-se um tolo; da mesma forma, é possível com um pouco de conhecimento ser-se grandemente sábio.

-oOo-

A sabedoria está menos no que nós aprendemos e mais em nossas reações a esse aprendizado; menos na quantidade e mais na qualidade de nosso conhecimento; menos na acumulação de fatos e nomenclatura e mais no conhecimento de princípios; menos na posse de ideias e mais no reto emprego delas; menos em tudo aquilo que acumulamos e devemos largar e mais naquilo que assimilamos à textura daquele ser que é um reflexo imortal da alma.

-oOo-

A Sabedoria final de Deus está na síntese de todos os seres evoluídos – uma certa ordem neles que é uma perfeita ordem.

-oOo-

Ser verdadeiramente sábio é ser verdadeiramente livre. Pois a Sabedoria não está no preconceito, num enfoque condicionado, em ver as coisas presentes através das ideias do passado.

-oOo-

É sábio aquele ser humano que sabe como usar seu conhecimento; que, enquanto planeja desincumbir-se de certas responsabilidades, vive num estado de essencial despreocupação com relação ao futuro. Ele é então alegre como um pássaro; sem ser irresponsável, ele pode recapturar a natureza de aventura da vida.

-oOo-

Quando a sabedoria governar o mundo, todas as coisas nele serão rearranjadas para fazer com que a luz que está em cada coisa e em todos os homens brilhe.

-oOo-

A sabedoria está na busca e na descoberta dos verdadeiros fins da vida, todos os quais estão compreendidos em um fim, quer se o conceba como Perfeita Felicidade, Perfeita Beleza ou Perfeita Ação.

-oOo-

Viver é buscar meios de crescer – em sabedoria. A plenitude da vida está na plenitude da Sabedoria.

-oOo-

A Sabedoria é sempre o florescimento da qualidade da vida, revelando os mais profundos significados da Vida. É a unidade do todo, refletida na unidade de uma parte. É um movimento que mostra a vida em sua natureza superlativa e no melhor de si mesma. É o pensamento liberado de todas as correntes, formado por um direto impulso do céu. E um raio divino que penetra tanto o coração como a mente e os unifica. É o alento de Deus, cujo calor é vida e cuja luz é amor e beleza.

-oOo-

É sábio aquele ser humano que obteve, por um perfeito viver, o instinto de retidão pelo qual guia a si mesmo, quer seja em pensamento ou em ação; que encontrou aquele centro de equilíbrio que paira sempre sobre seu ponto de contato com as circunstâncias. Ele é o ser humano em quem a Natureza derrama as riquezas de todos os seus instintos.

-oOo-

5

Amor

O amor é a luz da Alma, na qual tudo o que é percebido é verdade – também o fogo do espírito, pelo qual tudo o que é abjeto é transformado em bem.

-oOo-

O amor é um estado básico, no qual há a possibilidade tanto de compreensão como de sabedoria.

-oOo-

O amor pode ser considerado como o primeiro relacionamento puro, um estado de unidade na dualidade.

-oOo-

Quando o amor é puramente espiritual, ele possui um foco que muda de momento a momento, de acordo com as circunstâncias; ele é capaz de focalizar-se sobre a vida, a pessoa, a coisa que está ante ele, em qualquer lugar e em qualquer tempo.

-oOo-

Ser uno com o outro é amá-lo, e amá-lo é agir desde dentro dele e através dele, e não sobre ele, de fora, com um efeito contrário.

-oOo-

Nada no mundo é autossuficiente, exceto aquilo que está enraizado numa condição de amor.

-oOo-

O estado de amor é o estado de graça. O desenvolvimento deste estado e o desvendar de seus mistérios traz a pessoa àquela condição onde não há separação entre si mesma e as outras.

-oOo-

O amor existe naqueles níveis onde nós tocamos a verdadeira natureza das coisas.

-oOo-

Desprendendo-se de todo interesse terreno, você tem de construir ao seu redor uma aura de amor universal, na qual deva ter lugar a gestação do ser humano divino que será você mesmo.

-oOo-

É num estado de amor que todas as perfeições surgem; é o estado em que não há egocentrismo.

-oOo-

O amor que merece este nome é imparcial, não possessivo, totalmente beneficente; somente neste amor pode ser descoberta a força que finalmente trará o ser humano à sua liberdade. O amor é a única força que não cria ou acrescenta nada às complicações do *karma*.

-oOo-

O amor é uma maneira de conhecer. O amante tem um divino conhecimento do amado, divino em sua qualidade, atingido num estado de totalidade, e é um fim em si mesmo. Estar amando é reagir direta e plenamente ao objeto desse amor, sem o efeito escurecedor do eu, que interpõe uma barreira. Porém, não é uma reação, mas ação.

-oOo-

O amor é a realização de uma unidade subjetiva, que ao tornar-se objetiva, faz com que sua própria realidade cintile.

-oOo-

O amor é movimento numa nova dimensão, que nos transporta para fora da sufocante prisão da "egoidade", da escuridão de sua separatividade.

-oOo-

O amor é a força que jorra da alma, o Deus no ser humano.

-o0o-

Pela força do amor o microcosmo pode ser ganho. Por este mesmo poder, o macrocosmo pode ser conquistado.

-o0o-

O amor é o solvente do pequeno eu.

-o0o-

O amor, destituído de autogratificação, é, em essência, a vontade de maior bem ao outro.

-o0o-

O amor, para merecer esta designação, deve ter um significado preciso. Ele deve ser efetivo na implementação de seu propósito. O verdadeiro amor pertence ao Ego divino e é imortal. É a pura e perfeita, bem como a mais dinâmica relação, do ponto de vista do Espírito.

-o0o-

Será possível estarmos tão plenos da divina compaixão e do amor que ele flua através de cada conexão visível e invisível que possamos ter feito com nossos semelhantes?

-o0o-

O amor conquista aquela separação que é a causa-raiz de todo desentendimento e problema; ele ultrapassa as barreiras que impedem a comunhão. Contato ampliado deve resultar em afeição ampliada.

-oOo-

O amor é uma radiação, um fluxo de energia. No puro amor a outro há mais do que uma intensidade de benevolência e aceitação desse outro, há um dar-se do que se é, sem qualquer esforço.

-oOo-

O amor é, idealmente, o estado no qual a distinção entre eu e outro desapareceu. Isto não significa que nós abolimos a individualidade, mas que aprendemos a considerar a felicidade, o progresso, os interesses do outro como nossos.

-oOo-

Onde há amor sem possessividade e a busca de qualquer gratificação dessa possessividade, há bem-aventurança. Assim, amar é dar a si mesmo sem pedir, e em tal dar-se está a experiência da alegria.

-oOo-

Num estado de Amor espiritual ou universal, todas as outras pessoas são apenas uma pessoa – o objeto de amor.

-oOo-

Amor é um estado da mente, no qual o fim está unido com o meio; é um estado de preenchimento e um fim em si mesmo.

-o0o-

O amor tem de tornar-se uma chama impessoal, tornando-se universal.

-o0o-

Quando uma pessoa libera de si mesma um sentimento de amor não contaminado com o eu, ele é uma força que viaja numa curva aberta e produz um efeito que se eleva aos próprios pés de Deus, evocando uma chuva de bênçãos, não apenas sobre o indivíduo em questão, mas para o todo da humanidade.

-o0o-

Nós não podemos criar amor. Mas a vida, que é um incessante modo de ação, tem nela a capacidade para aquela pura ação que é amor, quando cessa de ser distorcida pela antítese do eu e do outro.

-o0o-

O amor é a força que flui de um relacionamento entre o subjetivo e o objetivo, e que é uma intensa radiação.

-o0o-

Nenhum amor pode ser durável ou alcançar sua culminância se não for tocado por alguma intuição da dor ou sublimidade da situação na qual o Objeto de amor possa estar envolvido.

-o0o-

Amar um amigo intensamente, todavia com puro desapego; deixá-lo ser igualmente, ou mesmo mais, amigo de outros; não esperar afeição, embora sendo devidamente apreciador de qualquer afeição que seja dada; pensar em como se pode ajudar, em vez de qual gratificação se possa ter; ser constante em amizade e auxílio inegoísta; trazer para o nível físico o espírito belo e inegoísta dos planos superiores – esse é o Amor Ideal.

-o0o-

O Amor Ideal, transportado para a vida prática do dia a dia, deve significar o serviço de cada um a tudo dentro de sua esfera, uma delicada consideração aos outros, um controle que dá surgimento à paz, e cessação de todo pensamento de crueldade e luxúria.

-o0o-

Quando o amor é tudo em tudo, é o Amado que está presente em toda parte.

-o0o-

O amor que não busca a si mesmo nunca é escravizado. O escravo permanece separado, nunca perdendo sua identidade, enquanto que o amante é uno com o Amado.

-o0o-

Não será que a força primordial, a corrente de influência, força e luz que é o Espírito Santo, quando trazida para o nível das manifestações diferenciadas, é Amor e nada mais?

-oOo-

Amor é uma comunhão na qual a consciência é erguida a um ponto onde, retendo sua própria qualidade pura, ela se integra em uma outra expressão de vida, em uma outra consciência.

-oOo-

O amor deve tornar-se uma influência criativa em nossas vidas; ele deve atuar em nossos julgamentos e em todos os nossos planos de ação; ele deve ser traduzido em serviço.

-oOo-

O amor é a única força conhecida pelo ser humano que não é possível vencer por qualquer ameaça, por mais terrível que seja. Em sua pureza, inspira o mais maravilhoso sacrifício.

-oOo-

Todos os sublimes e ternos sentimentos, uma vez gravados no coração, são uma promessa indelével, intimações de um preenchimento que perdurará para sempre.

-oOo-

À medida que temos pensamentos de amor aqui, invisivelmente nós lançamos sementes naquele solo celestial onde elas crescerão em inimaginável profusão e beleza.

-oOo-

Sem amor não há expansão, porque o amor pertence à vida do Espírito, ao Eu real; sem amor toda a busca é vã.

-oOo-

Você deve perder o seu coração e procurar por ele por toda parte. Quando você o encontrar, o conhecerá como o coração de todas as coisas.

-oOo-

Que o nosso único grande propósito e ideal seja elevar e universalizar nossa afeição, de forma que, enquanto ela for tão profunda e íntima como se tivesse apenas um objetivo, contudo esteja também sempre pronta para centrar-se em qualquer pessoa, para fluir a qualquer ponto em que seja necessária.

-oOo-

6

Beleza

A beleza, não como um princípio abstrato, mas em seu infinito dar-se, é a linguagem de Deus; ela traduz a Verdade infinita, subjetiva, em sua apropriada expressão objetiva.

-oOo-

Toda coisa bela é uma janela através da qual podemos investigar a sempre presente Realidade.

-oOo-

A beleza é sempre um perfeito ajustamento. Aquilo que é belo – um poema, uma peça de arquitetura, uma melodia, uma flor – possui uma unidade, um centro de origem de onde surge sua inspiração.

-oOo-

Há apenas uma essência de Beleza; ela molda todas as coisas belas.

-oOo-

Aquilo que é totalmente belo possui uma essência absoluta que é o sinal e o selo da Divindade oculta.

-oOo-

O belo é o verdadeiramente lícito. Uma coisa que expressa a lei de seu próprio ser é ao mesmo tempo bela e livre, pois a liberdade é também obediência àquela Lei do Espírito.

-oOo-

Uma coisa bela é aquela na qual a consciência descansa tranquila, na qual não há nem ímpeto nem necessidade de ir além e descobrir alguma coisa mais com a qual inteirar e completar a experiência.

-oOo-

A essência da beleza não é revelada pela simetria somente; a simetria pode estar morta ou ser mortal. Tem de haver uma polaridade sutilmente harmoniosa dos opostos, o que requer uma sensibilidade onipenetrante.

-oOo-

Abandonar o feio é seguir a pista sutil da Beleza.

-oOo-

Qualquer coisa que é totalmente bela deve ter sua própria lei de Beleza, sua lógica de expansão. Sua natureza é determinada por sua essência.

-oOo-

Através da força da beleza nós podemos desenvolver a força necessária para livrarmo-nos de nossas ilusões.

-oOo-

Quando a forma manifestante torna-se uma forma de perfeita beleza, então a suprema significância é liberada e a vida dentro dessa forma é totalmente expressa e preenchida.

-oOo-

A Natureza está desenvolvendo Beleza, bem como inteligência e capacidade. Aquilo que está oculto em cada coisa, a ideia atrás dela, está num processo de revelação, e será plenamente revelada quando a forma for perfeita e bela.

-oOo-

Do ponto de vista do Espírito, a perfeita beleza está nos limites apropriados de expressão; ir além deles é diminuir o efeito.

-oOo-

A noção de beleza não é para ser discutida, demonstrada ou estabelecida como uma proposição lógica; ela é uma confirmação da mesma ordem que uma fé instintiva que surge de dentro.

-o0o-

A Lei da Beleza é a Lei do Espírito em manifestação, é a Lei do relacionamento do Uno com o múltiplo.

-o0o-

Você é infinitamente belo quando você doa sem um único pensamento de pedir ou tomar.

-o0o-

É somente quando nossa sensibilidade chegou a um ponto de refinamento onde faz uma perfeita ponte entre aquilo que eternamente é e aquilo que não é, que conhecemos o que é Beleza Absoluta.

-o0o-

A arte de todo tipo, quando encarna beleza, fala a linguagem de uma ordem invisível, na qual cada coisa tem seu próprio lugar significativo.

-o0o-

A beleza não é suscetível de apropriação. Se há alguma coisa bela em qualquer parte, ela pertence à própria natureza das coisas. É tão errôneo considerar como posse sua a beleza de sua forma como o é imaginar que a beleza do pôr do sol pertence a você ou a alguém mais.

-oOo-

Eu sepulto a mim mesmo em tudo o que é escuro e oprimido; eu sou ressuscitado em tudo o que é claro e belo.

-oOo-

Toda a forma é limitante, mas a Beleza cessa de limitar e efetua a manifestação da Verdade.

-oOo-

Um objeto de beleza existe por si mesmo, como uma revelação da Beleza una. O supremo fim a ser alcançado, possivelmente, é esta revelação.

-oOo-

Aquilo que é belo, seja uma melodia, uma obra de arte ou uma flor de beira de estrada, possui uma unidade, um centro de origem, de onde provém sua inspiração.

-oOo-

Não existe beleza sem uma ideia que possa ser descoberta nas profundidades da consciência humana.

-oOo-

Eu acredito na Beleza, abstrata e concreta, e no entregar-se a ela.

-oOo-

Beleza é a criação da Vida, que flui para uma forma e a impressiona com a Verdade que está na própria fonte desse fluir.

-oOo-

Um aspecto e sinal pelos quais podemos reconhecer – mesmo em seus começos imperfeitos – a perfeição que chegará a ser, é a beleza que caracteriza as expressões da Vida em suas inumeráveis formas.

-oOo-

Existe algo como uma escada da beleza, uma progressiva apreciação e senso do belo. O gosto tem de evoluir e alcançar maturidade e refinamento.

-oOo-

A Beleza Absoluta está na fonte mesma da manifestação, na raiz espiritual de nós mesmos, embora a tenhamos esquecido em nosso mergulho de cabeça no mundo da matéria separativa. Devemos chegar a ela no fim, o que é um retorno à verdadeira natureza de nós mesmos.

-oOo-

Beleza na forma, Verdade na ideia, estes são os correlativos interno e externo. Cada um confirma o outro.

-oOo-

Beleza é uma qualidade que pertence à percepção subjetiva de uma relação objetiva no tempo e no espaço, seja ela uma sequência melodiosa, uma harmonia de cor e som ou a curvatura de uma forma.

-oOo-

Quando a ideia é bela de verdade, a expressão ou o gesto também será belo.

-oOo-

Toda beleza surge da mesma fonte e todas as coisas belas estão em afinidade umas com as outras.

-oOo-

Todo objeto belo tem seus elos invisíveis com o paraíso das próprias Ideias de Deus e irradia uma influência que chove lá de cima, sutil mas potente.

-oOo-

Uma coisa bela é justificada em si mesma, porque ela é ela mesma e nenhuma outra coisa.

-oOo-

Há beleza quando o instinto de expressão que está em toda a vida encontra, por enquanto, um perfeito preenchimento.

-oOo-

Aquilo que é verdadeiramente belo, quer seja uma obra de arte ou um produto da evolução natural, é uma intimação de cima, de um mundo de Luz onde não há nem a sombra do passado nem a de um futuro dúbio, criado de um presente imperfeito.

-oOo-

A Beleza em seu ponto supremo, quando é absoluta, ergue a pessoa fora do objeto na qual ela está presente. O artista puro trabalha apenas pelo amor à sua obra, com nenhum outro motivo senão seu espírito abnegado.

-oOo-

A maior Beleza é a beleza da alma, e essa beleza tem de ser compreendida em pensamento, em sentimento, em comportamento e em toda forma de ação.

-oOo-

Mais bela é aquela beleza que requer uma onipenetrante sensitividade de consciência que primeiro contempla e então mescla-se com ela completamente.

-oOo-

Temos ainda de deixar crescerem as asas para o voo do cisne, do tempo para a eternidade, seguindo aquela linha arquetípica de beleza que é apenas um sonho longínquo para os mortais.

-oOo-

7
Unidade

A verdade subjacente de todas as coisas, a verdade essencial de tudo que se apresenta é a Unidade da Vida; os moldes são diferentes, mas o substrato é o mesmo.

-oOo-

A unidade é um princípio dominante que gradualmente abarca cada diversidade e a imbui com o escopo de uma expressão integrada.

-oOo-

A unidade é a marca do Absoluto, expressa como harmonia nas coisas relativas.

-oOo-

Quanto mais profundamente nós mergulhamos na base filosófica de nosso pensamento com respeito à natureza da existência, mais percebemos a necessidade de um princípio de Unidade no Universo, se é que o Universo é capaz de uma sumarização filosófica.

-oOo-

Embora a indivisibilidade seja a marca do Espírito, as glórias da Unidade somente podem ser manifestas pela dualidade; a diferenciação é necessária para despertar o amor e a compreensão.

-oOo-

Quaisquer que sejam as gradações pelas quais o Uno torna-se o Múltiplo, por estas mesmas gradações o múltiplo tem de voltar a ser o Uno.

-oOo-

Todas as crianças de Deus – seres humanos, animais, árvores, minerais, vidas elementais – deverão voltar juntas ao seu Pai comum, mas em união entre si mesmas.

-oOo-

Nutrido com um sentido da Unidade, você será capaz de digerir as diferenças.

-oOo-

Sob a influência de sua própria mente superior, que está mesmo agora aparecendo acima do horizonte, o ser humano deve sintetizar e provar, pela ação, que diferença não necessita chocar-se com diferença, mas deve estar estabelecida numa unidade.

-oOo-

A unidade é o mais profundo fato subjacente de tudo. Quando desta Unidade emana o Verbo ou impulso que é corporificado no Universo manifestado, parece como se a Unidade estivesse perdida mas, na realidade, ela está apenas oculta.

-oOo-

Quer seja num grão de poeira ou numa folha ou flor, ou na menor das coisas vivas, é a Vida Una que existe como a realidade mais íntima, a Verdade das verdades.

-oOo-

O senso de Unidade torna-se real somente quando testado pelas diferenças, quando ele se afirma em meio à separação, quando é efetivado em todo detalhe e particularidade no mundo de matéria obstrutiva.

-oOo-

A unidade é uma imaculada totalidade.

-oOo-

Todas as ideias que expressam a Verdade são unidades, formas de harmonia manifestando-se na diversidade.

-o0o-

Quando a Unidade é estabelecida dentro de você mesmo, tudo é relacionado, e o Universo inteiro torna-se uma vasta árvore de vida; uma vez que entramos na vida desta árvore, nós podemos prosseguir para qualquer ponto em seus galhos.

-o0o-

A verdade mais profunda e oniabarcante experimentada por uma consciência capaz de manter-se livre de toda reação, quer seja ao mundo do sentido e da matéria ou às imagens armazenadas na memória, é a verdade da unidade da vida.

-o0o-

Nossa tarefa comum é unir-nos para todos os propósitos construtivos, promover todo tipo de contato regenerador e cooperação em todas as esferas da vida humana.

-o0o-

Existe um ponto misterioso do qual todas as individualidades participam, no qual elas encontram a sua absoluta união.

-o0o-

Da Realidade Única, que não é nem Espírito nem Matéria, mas ambos, emana a Vida e, emanando, flui infinitamente em correntes, ramificando-se mais e mais em inumeráveis vidas individuais, cada uma especializada a seu modo, manifestando uma infinita diversidade de efeitos, qualidades e capacidades. Quando este processo alcança seu limite, as vidas diferenciadas voltam a unir-se, voltando a ser assim a Unidade que elas sempre foram.

-oOo-

Na Unidade não há eu e não há outro. Há apenas o Uno que revela a Si mesmo de modos incomparáveis.

-oOo-

A luz da Unidade, abrindo caminho através da tela da separação, constitui a glória da vida.

-oOo-

Se a Unidade é um total, da mesma forma que a origem, a experiência dela deve incluir a experiência de cada soma parcial, das harmonias incluídas na harmonia total.

-oOo-

A verdade que está em nós mesmos, mas apenas perdida por nossas mentes, é a verdade da Unidade, que está por trás de todas as coisas e relacionada com todas as coisas.

-oOo-

A perfeição em direção à qual cada coisa evolui, junto com a perfeição de todas as outras coisas, deve fazer um todo, porque elas são todas aspectos do Ser Único, que é perfeito.

-oOo-

O senso de Unidade é o âmago do verdadeiro serviço.

-oOo-

A separatividade deve quebrar-se e a unidade prevalecer.

-oOo-

As forças que contribuem para a Unidade contribuem para a criatividade na Beleza e uma oniabarcante e inconfinável felicidade.

-oOo-

O templo da humanidade não terá suas paredes completas exceto pelo compartilhar progressivo, entre todos os homens, dos variados tesouros de pensamento e beleza do mundo.

-oOo-

Há unidade na individualidade, que é composta de partes em sua expressão, mas única em sua alma.

-oOo-

Devemos atingir aquele estado no qual há unidade, um estado de totalidade que pode existir simultaneamente com as diferenças.

-oOo-

Esforce-se por aquele senso de unidade que torna você lógico, prático e completo.

-oOo-

Que eu me relacione interiormente a tudo e ofereça este relacionamento ao Uno que abençoa toda união.

-oOo-

Sem o princípio de Unidade não pode haver coerência, esperança e nenhuma certeza de harmonia num mundo de tumulto e diversidade.

-oOo-

Primeiro há a Unidade. Na infinita flexibilidade desta Unidade está a origem de todas as diferenças, cada uma com seu próprio valor distintivo. A Unidade é, finalmente, também a síntese desses valores.

-oOo-

É preciso compreender a unidade do gênero humano, que significa fraternidade traduzida como justiça em seus procedimentos, harmonia em seus pensamentos e sentimentos e cooperação na ação.

-oOo-

Quando a cognição compreende tanto a vida quanto a forma, há a percepção da unidade na diversidade.

-oOo-

Nós transcendemos o pequeno eu e desenvolvemos o apercebimento de nossa unidade com os outros somente quando nos empenhamos com o amor que busca auxiliar e servir.

-oOo-

Uma vez que a humanidade é una, de alguma forma nossos próprios pensamentos, orações, aspirações e esforços devem contar na formação dos pensamentos e das ações de todos os homens.

-oOo-

Naquele que tocou a Unidade existe sua música; e esta música nele é a música dele mesmo, criada pela Unidade.

-oOo-

Quando a Unidade tornar-se uma experiência real para nós, nós entraremos na penumbra[1] da vida do Espírito e sentiremos seus efeitos; sentiremos uma afinidade com todos e com tudo ao redor de nós.

---

[1] A "penumbra" da vida do Espírito ainda não é a unidade completa, mas mesmo assim ela produz o efeito de profunda afinidade com os demais. Um grande místico do começo da era cristã se referia a Deus como "*Divine Darkness*", ou seja, uma realidade muito além da nossa compreensão. (N. T.)

-oOo-

A unidade existe para nós naquilo que mantém unidas as diferenças. Ela está na Lei, ela está no Propósito, ela está no Amor, ela está na alma da Beleza.

-oOo-

Todo ser humano é um indivíduo, mas também parte de um todo vivo, um ser palpitante, radiante, cujas influências para o bem ou para o mal devem ser espargidas nas vidas de outros e as destes recebidas na sua. Ele não pode evoluir senão em relação aos seus semelhantes.

-oOo-

A prática da unidade em meio às diferenças torna espiritual um ser humano em sua vida, da mesma forma que ele é espiritual em sua essência, e o preparará para o conhecimento da Verdade, que é a Sabedoria Divina.

-oOo-

Há um desígnio para toda a humanidade, que se manifestará somente à medida que a humanidade tornar-se um todo, um desígnio que tornará claro tudo o que aconteceu antes.

-oOo-

Mergulhe nas profundezas de você mesmo, onde você é uno com toda a humanidade, e ressurja com mil alegrias e dores, que são as experiências da humanidade.

-oOo-

Seja qual for a forma em que possamos proclamá-la, qualquer forma bela, com quaisquer ilustrações, se pudermos produzir a consciência de uma Unidade em toda a diversidade, uma afinidade entre todas as formas animadas, nós estaremos concedendo ao mundo a maior bênção.

-oOo-

# 8

Individualidade

Em cada ser humano, embora humilde, existe a gema oculta de sua própria individualidade, e devemos admitir o valor de cada gema e seu direito a um cenário, onde possa brilhar com todo o esplendor que mereça.

-oOo-

Aquilo que é livre de todo o condicionamento, intocado por qualquer influência estranha, é individual; é distinto.

-oOo-

Na Natureza há um impulso em direção a individualidade, um movimento rumo a uma expressão mais significativa, uma autodefinição mais clara do que quer que esteja buscando manifestar a si mesmo.

-oOo-

Cada coisa individual permanece separada do resto do Universo e de todas as outras coisas nele. Neste permanecer separada está sua autodefinicão. E a singularidade de sua individualidade que dá a ela sua legítima significância.

-oOo-

Se você considera todas as formas na Natureza como constituindo uma Forma Universal e a qualidade, a natureza, a individualidade de cada forma como sendo a nota que ela soa, todo o processo evolucionário é um movimento em direção a um estado no qual a individualidade de cada coisa separada é trazida a seu ponto mais refinado e todas as individualidades são sintetizadas numa ordem universal que forma um supremo e oniabarcante Indivíduo.

-oOo-

A individualidade tem um sentido, uma significância, uma certa lei dentro dela que a torna o que ela é e nada mais.

-oOo-

Nós nos destacamos em nossa singularidade individual à medida que alcançamos nossa perfeição, e esta singularidade não é algo feito, mas algo natural, nascido de si mesmo e existente por si mesmo.

-oOo-

Quanto mais elevado o grau de individualidade em qualquer coisa, mais autônoma ela é, mais austera, maior é a sua dignidade e integridade.

-oOo-

A individualidade é uma ideia que é um todo integral, no qual está sua verdadeira significância.

-oOo-

Quando o ser humano é erguido à Divindade, ele não perde sua qualidade única, mas, como um indivíduo, ele é introduzido num padrão amplo que dá um novo sentido a cada parte separada.

-oOo-

Cada parte especializada, cada fragmento da Vida, possui sua singularidade, seu valor exclusivo, sua nota especial.

-oOo-

Na caixa de surpresas do cérebro humano há uma unidade em meio à complexidade que torna cada pessoa consistente consigo mesma ou, se inconsistente, pelo menos consciente disso, e sem detrimento de sua individualidade.

-oOo-

Quando formos vitais e contudo desapegados, não influenciados pelos pensamentos de outros exceto para considerá-los cuidadosamente, então poderemos descobrir, como num santuário interior, o segredo de nosso próprio eu, o caminho que temos de trilhar em direção à nossa meta estabelecida.

-oOo-

O verdadeiro caráter de um indivíduo deveria ser evidente para os outros e não para ele mesmo; é somente na medida em que esquecemos a nós mesmos que nós brilhamos com nossa verdadeira beleza.

-oOo-

Na expansão de seu viver, o eu de cada ser humano torna-se uma lei, um ritmo e uma individualidade – individualidade não no sentido de uma consciência que se sente separada, mas que ilustra suas próprias características eternas, individuais.

-oOo-

Individualidade, num certo sentido, é ser-se sempre o mesmo; ela implica continuidade que é Tempo. Ser individual e, contudo, novo é uma transformação perpétua.

-oOo-

Quando uma individualidade está perfeitamente expressa numa forma, a essência dessa individualidade é uma certa unidade nessa forma, uma ordem de suas partes, que integra perfeitamente essas partes.

-oOo-

Cada indivíduo tem nele algo único, uma lei de seu próprio ser, elaborada em termos de sua evolução. Esta lei deve encontrar sua representação, objetivamente, numa forma que seja perfeita e significativa em todas as suas partes e também como um todo.

-oOo-

E somente quando a forma ajusta-se ao Espírito interior e está exuberante com Vida, e toda célula humana tine com a vitalidade de seu próprio poder criativo, que a individualidade destaca-se com sua devida dignidade e majestade.

-oOo-

9

Liberdade

A liberdade está eternamente no *Ātman*, o Eu Divino Único, contrabalançando toda a necessidade que pertence ao mundo da matéria e da mecânica.

-oOo-

Liberdade é obediência à lei universal, e nos sentimos mais livres quando obedecemos à lei de nosso próprio ser. Esta lei está dentro de nós e busca expressão através de nós.

-oOo-

Se você quiser atingir a liberdade e a criatividade que é original, as quais podem existir somente para um Eu que possui os atributos de um absoluto, um Eu sem divisão, então o espírito de Liberdade deve transcender a relatividade de todo relacionamento, e tal transcendência toma a forma de desapego e uniformidade de atitude.

-oOo-

A Sabedoria Antiga proclama ao ser humano a preciosa natureza de sua liberdade e mostra que, ao apelar aos seus mais nobres instintos, ele pode construir uma ordem combinando liberdade com segurança, estabilidade com progresso e criatividade com cooperação.

-oOo-

A liberdade pertence ao Espírito, o determinismo à matéria.

-oOo-

Para mover-nos em liberdade, guiados pela lei interior de nosso ser, o divino instinto dentro de nós, devemos confiar em nós mesmos e confiar na Vontade de Deus, sem obstrução de nossa parte. Seguir essa Vontade é seguir nossos eus impessoais.

-oOo-

O primeiro e o mais importante passo para a liberdade do condicionamento de nosso passado é sentir sua conveniência. Quando vemos a meta na mais clara luz da objetividade, a meta está aqui e agora, presente em meio ao condicionamento.

-oOo-

Verdadeira liberdade consiste em compreender a nós mesmos, nossos pensamentos, nossos motivos, nossos quereres e nosso comportamento.

-oOo-

Uma vez que a Liberdade está na autoexpressão, e toda a expressão que não é bela não é o Eu, a Liberdade pode ser encontrada apenas na beleza e no tornar-se, por um movimento instintivo, modo após modo de beleza.

-oOo-

Quando a natureza do Espírito, que é livre sempre e em toda a parte, prevalece, há liberdade para cada um e para todos; cada um é, então, um centro de paz e harmonia como também um centro para a criação daqueles valores que são inerentes ao Espírito.

-oOo-

A liberdade é a mãe da originalidade, pois a verdadeira criação é nascida da liberdade, e não misturada com qualquer coisa estranha a si mesma.

-oOo-

Existe a experiência da Liberdade quando não há inibição ou ímpeto do eu, nem discórdia interior, mas somente um sentido satisfeito de ordem e harmonia.

-oOo-

Não goza de liberdade aquele que não tem controle sobre si mesmo. O ser humano necessita da ordem de uma harmonia interior que implica domínio sobre si mesmo.

-oOo-

Liberdade é autodeterminação, não uma reação compelida ou mecânica. Aquele que é escravo de suas paixões, que é conduzido por hábitos de pensamento, emoção ou ação, erigidos ou contraídos na ignorância, não é um ser humano livre.

-oOo-

A lei, de acordo com o Eu interior ou natureza de si mesmo, é a única base para a liberdade; ela pode manter tanto a liberdade quanto a ordem.

-oOo-

Livrar a vida de tudo o que obstrui o seu fluir, de tudo o que impede seu perfeito florescimento, é o supremo ideal que qualquer um de nós pode nutrir.

-oOo-

A liberdade está em dar livre movimento e expressão à necessidade de sua própria natureza, a lei de seu verdadeiro ser.

-oOo-

A liberdade é o requisito fundamental para a felicidade; sem liberdade a vida não tem espaço para expandir-se; ela é sufocada e abafada.

-oOo-

Quanto mais ordem houver no ser humano – ordem que é criada de dentro – menor a necessidade para governo e leis exteriores.

-oOo-

Quando a consciência assume a natureza do Espírito, ela experimenta a essência absoluta da liberdade, que é o polo oposto da escravidão à matéria.

-oOo-

Quando você vê suas atividades, interiores e exteriores, como operações de uma Natureza universal, você pode, então, permanecer separado delas e considerar se essa Natureza universal não pode ser levada a operar de outra forma em você. Nisso está o começo da Liberdade.

-oOo-

Liberdade não pode ser separada de ordem, que implica controle, quer na sociedade ou em si mesmo.

-oOo-

Liberdade para cada Espírito individual é liberdade de perseguir seu próprio caminho no labirinto da vida, de acordo com seus próprios instintos, e expressar a si mesmo de acordo com sua singularidade.

-oOo-

Ser livre é ser feliz sem buscar a felicidade, agir com um movimento espontâneo que é o resultante de uma graça interna.

-oOo-

Ação de acordo com a lei de seu próprio ser é verdadeira liberdade.

-oOo-

Quando há qualquer movimento – de pensamento, sentimento ou ação – gerado em liberdade, e não como uma reação compelida de fora por algo externo àquele movimento, o resultado é espontaneidade e originalidade.

-oOo-

Liberdade é, antes de tudo, uma liberdade de si mesmo como produto do passado, porque a influência do passado é uma limitação do presente.

-oOo-

A verdadeira liberdade é um estado interior; é liberdade da paixão e do medo, da ânsia de apoio, de todo o tipo de influência que seja uma distorção da clara visão da verdade.

-oOo-

Quando a liberdade é uma compulsão[2] interior, livre-arbítrio e necessidade são combinados e reconciliados.

-oOo-

A Liberdade do indivíduo é de consequência vital, tanto para ele mesmo como para a sociedade, pois o indivíduo é o centro de toda a variação e progresso. Sem liberdade não há individualidade, mas apenas sistema.

-oOo-

Nós somos mais livres quando estamos livres de nós mesmos. Nossa mais plena liberdade está no perfeito serviço.

-oOo-

Cada um tem de descobrir por si mesmo aquela liberdade que está no serviço a tudo, aquela alegria que surge do autossacrifício e aquela eternidade em si mesmo que vem à existência com a completa entrega de seu eu temporário.

-oOo-

Liberdade, mesmo como uma experiência comum, está na capacidade do indivíduo ser ele mesmo. Ela consiste em agir desde um ponto de vista que não é compelido nem de fora nem

---

[2] Uma irresistível urgência para agir de um determinado modo. O príncipio *Buddhi*, nas *Cartas dos Mahatmas para A. P. Sinnett*, é definido como: "energia irresistível". (N. T.)

de dentro.

-oOo-

Quando a consciência está livre da ânsia por sensação, livre do condicionamento a que foi submetida, livre da compulsão de planejar e construir para qualquer fim autogratificante, então ela pode seguir qualquer brisa passageira, moldar-se ao ser interior de cada forma significativa e contudo não ser moldada.

-oOo-

Somos livres somente quando servimos ao Ser Supremo Único, o eu incondicionado sempre livre.

-oOo-

A causa da Liberdade e da Fraternidade deve finalmente e universalmente prevalecer porque ela é a direção das forças irresistíveis da Natureza. Hoje ela possui mais partidários convictos do que em qualquer época anterior.

-oOo-

As quatro liberdades do aspirante: a desistência de posses e segurança; a abolição do medo; a descoberta de seu próprio caminho e a ação instintiva individual.

-oOo-

Sem amor à liberdade e fé na liberdade não há esperança

de criar um mundo de liberdade e preservá-lo.

-oOo-

É uma coisa maravilhosa ser livre, viver e ser ativo até a mais plena medida na qualidade de sua própria individualidade, e contudo tomar seu lugar num plano mais amplo, o que requer de si mesmo tanto a capacidade para completa entrega como a riqueza de uma harmonia desenvolvida através da perfeita cooperação com seus próprios cotrabalhadores.

-oOo-

Almejemos criar liberdade e felicidade para outros ao invés de para nós mesmos. Então o sucesso será mais provável do que se agíssemos com um propósito egoísta.

-oOo-

Quando abandonamos, desde o mais íntimo eu de nós mesmos, tudo aquilo a que a mente do sentido e do desejo está apegada, há liberdade interior. Nesta liberdade, nossa alma-estrela brilha e espelha sua luz através de cada uma de suas vestimentas.

-oOo-

10

Realidade

A Realidade que, de acordo com aqueles que podem falar dela, é indescritível, una, completa e imutável não pode estar desvinculada das mudanças no reino da diversidade. Os mundos da forma e da consciência são apenas um espelho para seus reflexos.

-oOo-

A suprema Realidade deve estar naquelas formas de harmonia que são passíveis da mais pura compreensão.

-oOo-

A Realidade está dentro de nós mesmos, mas requer, para senti-la e conhecê-la, uma consciência purificada da escória do desejo e das indulgências.

-oOo-

A vida é real e a Realidade está na sua plenitude, quando experimentada em qualquer estado de consciência, cuja profundidade e extensão não são perturbadas pelo que quer que ocupe ou preencha esse estado.

-oOo-

O Real é feito manifesto na consciência pela identidade entre o Real e a consciência. Ele necessita de uma consciência que já não esteja ocupada, mas que seja um terreno livre e aberto no qual ele possa mover-se.

-oOo-

A Realidade que é buscada por nós deve ser um desconhecido, enquanto que todos os conceitos baseados na experiência são memórias do conhecido. Eles pertencem a um passado que obscurece o presente.

-oOo-

A única Realidade deve estar na unidade que abarca todas as diversidades.

-oOo-

Temos de aprender a interpretar as verdades da Natureza física de uma maneira que as constitua num espelho para observar o multiaspectado mistério do Espírito.

-oOo-

O Real, em seu sentido mais amplo, deve incluir uma compreensão além de nossos sentidos presentes, incluindo tonalidades de sentimentos que não estão ao nosso alcance presente, bem como formas construídas com o material desses sentimentos.

-oOo-

A Realidade, embora una, manifesta-se em gradações, em cada nível como um todo suficiente a si mesmo e àquele que a experimenta. Ela é um todo em significação e não meramente um relacionamento de partes.

-oOo-

A realidade brilha o tempo todo como o sol, mas ela pode despontar em nós somente quando estivermos prontos para ela, quando nos voltarmos para receber sua luz.

-oOo-

O ser humano que encontrou a Realidade não pode ter nenhum outro propósito ou desejo do que o supremo bem e felicidade de todos os seres, de toda a vida em cada forma. Ele é progressivamente uno com eles, e eles são unos com ele.

-oOo-

11

Harmonia

Onde quer que a Vida esteja há o processo de construir; diferentes elementos são reunidos em relações que fazem deles um todo vivo, capazes de funcionarem juntos em harmonia.

-oOo-

O esforço da Natureza através do ser humano, e desse, à medida que aprende sua identidade com ela, é criar uma ordem de harmonia e beleza do material que se associa à vida humana e que está destinado ao uso humano.

-oOo-

Harmonia é unidade na diversidade.

-oOo-

A harmonia reside no autocontrole. Ela traz os dois polos da existência à união um com o outro. Ela torna todos os opostos complementares. É o meio de dar a si mesmo àqueles em torno de si. Ela constitui a essência do *Yoga* e transforma todo nosso ser num canal perfeito através do qual tudo o que se é na Eternidade possa fluir em nossa manifestação no tempo.

-oOo-

Assim como mesmo em meio ao declínio e morte existem manifestações de vida, da mesma forma em meio a uma desarmonia maior pode haver, e usualmente há, fragmentos de harmonia.

-oOo-

Uma harmonia rítmica em si mesmo e uma sensibilidade dirigida para fora é a base para o *Yoga*, no qual há união entre o conhecedor e o conhecido num estado de harmonia que abarca ambos.

-oOo-

Quando tivermos conseguido harmonizar a nós mesmos, não terá sido uma condição estática que atingimos, mas uma crescente harmonia, na qual qualquer nota nova que é introduzida não desfigura a composição inteira, mas possui o efeito de elaborá-la e enriquecê-la.

-oOo-

Devemos estar num estado de perfeita harmonia e mútua amabilidade a fim de trazer à manifestação as forças que, de outra maneira, permaneceriam e operariam em níveis além de nosso alcance.

-oOo-

A mais perfeita harmonia é realmente uma absoluta unidade, onde a ação de cada parte está tão unida com a de outra que o efeito total é simples e único, como um perfeito acorde.

-oOo-

Temos de tornar-nos translúcidos ao invés de opacos, como em nossa maioria somos, e realizar aquela harmonia entre o interno e o externo, o superior e o inferior, o que é uma condição de verdadeira compreensão e idoneidade.

-oOo-

Nossas energias deixaram-se envolver numa matriz de desarmonias; elas têm de ser desenvolvidas na harmonia de uma ordem eterna.

-oOo-

Perfeita harmonia e perfeito equilíbrio, e o verdadeiro aspirante é aquele que equilibra as qualidades necessárias nele mesmo, e em quem não há o desequilíbrio de um exagero nem o tropeço de um princípio essencial.

-oOo-

No Eu há unidade, uma harmonia implícita ou subjetiva sem a qual não haveria integração nem a bem-aventurança que deve coexistir com essa harmonia.

-oOo-

O que necessitamos atingir é a unificação de nossa natureza, a harmonização de suas diferentes partes, para que assim elas possam constituir um todo coerente e perdurável.

-oOo-

Cada um de nós é um tema na Divina Harmonia, embora estejamos em diferentes estágios do desenvolvimento desse tema.

-oOo-

Aquele fim que é a perfeição para a qual toda a Natureza, incluindo o ser humano, move-se, pela própria impulsão das forças ocultas dentro dela, deve ser uma harmonia universal na qual cada vida, vestida em sua forma apropriada, encontra seu lugar mais efetivo e adequado.

-oOo-

12

Felicidade

Somente quando vivermos com abandono do eu, com absoluta autoentrega, sem nenhum elemento de inibição, sem ânsia, sem obstrução, é que saberemos o que a liberdade significa, e assim experimentaremos a mais verdadeira felicidade.

-o0o-

A felicidade é um estado eterno e indiviso, que não pertence à parte, mas ao todo.

-o0o-

A felicidade é um preenchimento que não pode ser buscado como uma meta egoísta, mas que vem com o esquecimento do eu.

-o0o-

É no livrar-se de todo grilhão psicológico, na dissolução de todo complexo reprimido, que está a liberdade e, nela, a suprema alegria.

-o0o-

Num estado feliz, não há desejo de mais; há uma expansão até a capacidade, uma tensão que nunca é deficiente nem demasiada.

-o0o-

Seja um fator na felicidade de outros. A única felicidade verdadeira é aquela que nunca permanece com você mesmo, mas que, à medida que é experimentada, é passada aos outros.

-o0o-

Há uma pura simplicidade que surge da virtude, do reto viver, da vida sem medos, sem ânsias e sem possessividade, mas apenas com uma divina simplicidade.

-o0o-

A felicidade é um puro e simples cálice destituído tanto de excitação como de narcóticos, do veneno de uma sede constante bem como da penumbra de indiferença para com os outros: um cálice que está sempre cheio.

-oOo-

Há uma serena felicidade que emana da gravidade, compostura e um senso da dignidade e poder inatos da vida.

-oOo-

A felicidade esperada está baseada em recordações de passado, que são como uma nuvem sobre o presente. É a alegria inesperada que é a suprema alegria.

-oOo-

Cada um deve descobrir em si mesmo aquilo que é capaz de uma bela expansão, que será uma proteção e bênção para os outros, o meio de libertar a luz em si mesmo. Nessa luz e nessa expansão está a alegria da Divindade.

-oOo-

13

Paz

O senso de paz surge da harmonia com a natureza essencial das coisas, um relacionamento internamente não distorcido e belo para com todos e com tudo.

-oOo-

Paz não é entorpecimento nem rigidez, mas a extinção das ondas de inquietação, uma coerência e harmonia internas, uma experiência de totalidade, do fundir-se da consciência na vida.

-oOo-

O mundo necessita de paz e o primeiro requisito para a paz é a boa vontade entre os membros de diferentes raças e nações, entre partidários de diferentes fés e culturas.

-oOo-

Não pode haver paz para aquele que carrega uma espada em seu coração, pois mesmo que ela seja brandida apenas em seus sonhos, ela machucará o ser humano que a abriga.

-oOo-

A paz é o estado feliz, natural do ser humano e de todos os filhos da natureza.

-oOo-

A paz surge de um estado de liberdade interior com relação aos efeitos perturbadores e às pressões distorcedoras; é também um estado de fundamental reconciliação entre uma pessoa e outra.

-oOo-

O eu interior somente pode encontrar paz à medida que se funde com o eu superior, e se torna um reflexo do mesmo.

-oOo-

A paz não é a ausência de luta em alguma frente, uma calmaria incômoda, mas uma condição integrada que surge de uma perfeita harmonização de todos os processos da vida.

-oOo-

É impossível sentir paz a menos que se tenha uma boa vontade positiva em relação aos outros, e não apenas para com amigos e aliados especiais e negada para outros.

-oOo-

Reto pensamento, reto sentimento, reta ação – estes são o Caminho para a paz.

-oOo-

No mundo em geral não pode haver paz de uma ordem permanente, nem digna de se falar ou merecendo este nome, sem paz em nós mesmos.

-oOo-

A paz está inseparavelmente ligada à retidão. Até que exista justiça, tratamento correto, até que as relações entre os povos sejam governadas pela Lei da Fraternidade, a verdadeira paz será uma quimera.

-oOo-

O que cada um de nós necessita, fundamentalmente, é aquela paz que é para ser descoberta unicamente dentro de nós mesmos, que ninguém mais pode dar; que o mundo, com todos os seus recursos, nunca pode prover.

-oOo-

No coração de um mundo composto como a Natureza o compôs, pacífico, integrado e progressivo, o ser humano deve tomar seu lugar como uma entidade amante da paz, sempre aberta à vida e às ideias novas.

-oOo-

Uma total organização da vida humana para uma paz total é o veículo necessário para lançar a humanidade ao mar de uma feliz nova era.

-oOo-

Se tanto pode ser feito para a guerra, não pode o mesmo ser tentado para a Paz – uma Paz bela, construtiva, segura, envolvendo todas as diferenças de fé, raça, cultura, nacionalidade e pensamento e estimulando a cada um a fulgurar em seu esplendor individual?

-oOo-

A paz não é uma questão de regras, uma disposição de forças, um ajuste ou um problema de mecânica. Ela é criada pela boa vontade nos corações das pessoas, de onde é difundida através de suas vidas.

-oOo-

Todas as coisas passam como um sonho. Mas mesmo a vida terrena pode ser um sonho de paz e beleza.

-oOo-

A pomba da paz tem que primeiro encontrar um lugar de descanso para seus pés em nossos corações, antes que ela possa fazer seu lar em nossas cercanias, estabelecer-se no ambiente de nosso ser.

-oOo-

Se não quisermos afundar na paz da morte, devemos buscar a paz da vida, a qual é gerada da harmonia pela coordenação daqueles processos que, em sua totalidade, constituem a manifestação da Vida.

-oOo-

Se somos pacíficos, nós desfrutamos a paz interior, mesmo quando há conflito e violência no exterior.

-oOo-

A paz não é um assunto para se barganhar. Ela tem de ser estabelecida em nós mesmos ao compreendermos sua retidão e, então, ser expressa em todos os modos de pensamento e ação ao tratarmos com nossos semelhantes, e também com os reinos inferiores da Natureza.

-oOo-

Haverá paz dentro de nós mesmos e em todo o mundo somente quando houver respeito pela lei e ordem universal, por aquela lei que é a lei da Natureza e a Divina dispensação que podemos observar no processo universal. Somente quando aceitarmos e nos submetermos absolutamente a esta dispensação poderá haver paz em nossos próprios corações e em nosso mundo.

-oOo-

14

Espírito de Auxílio e Serviço

O que é ajudar"? Não é comando, nem interferência, nem fazer da outra pessoa uma imagem de nós mesmos, mas dar a nós mesmos, sem reservas, naquela forma modulada que se harmonizará com a vida da pessoa a quem buscamos auxiliar.

-oOo-

Não pode haver propósito maior na vida do que servir – serviço ao Uno em muitas formas. Ele não deve ser fictício, um serviço limitado, mas serviço real, direto e sincero, e que tem em si aquele espírito de autossacrifício que mostraríamos numa crise.

-oOo-

Homenagem e adoração ao Supremo não são essencialmente diferentes de dar o melhor de nós mesmos àqueles que estão à nossa volta, qualquer que possa ser a natureza deste serviço.

-oOo-

Cada pessoa que encontramos é uma máscara que obscurece um mistério, e toca a nós descobrirmos a natureza da individualidade, a beleza e a singularidade que está atrás dessa máscara.

-oOo-

O caminho da unidade é amor manifestado como serviço.

-oOo-

E somente quando há a compreensão de nossa unidade com nossos semelhantes e quando o único motivo é o dar-nos em tal serviço, na medida em que formos capazes, que podemos preencher nossas vidas com ação rica, auxiliadora e criativa.

-oOo-

No mais verdadeiro serviço a consciência do eu é esquecida – você auxilia porque você não pode fazer outra coisa senão auxiliar.

-oOo-

Devemos aprender a servir com todas as nossas faculdades, com todos os meios à nossa disposição, cada um expressando a individualidade de seu próprio lugar no esquema das coisas ao adaptar-se, como se é, às necessidades de cada uma e todas as situações.

-oOo-

Abrir o coração, tornar-se flexível e sem barreiras, é a forma do verdadeiro entendimento, bem como de emitir em profusão qualquer ajuda possível. Que o reino de seu coração seja tão amplo que ninguém seja excluído.

-oOo-

Considere todo contato como uma oportunidade para auxiliar, contudo saiba também que é um meio para autopurificação.

-oOo-

Graças a uma atitude de abertura nós podemos auxiliar a outros e a nós mesmos. Sem compreensão, nossos melhores esforços para auxiliar somente atrapalharão. A compreensão não pode ser atingida exceto com uma recepção simpática dos sentimentos do outro, dos quais surge seu ponto de vista.

-oOo-

Olhe para o lado belo de cada um e o auxilie através dele, mesmo que interiormente você possa ter notado o outro lado. Devemos buscar maneiras de respeitar um irmão; para o ser humano que tem uma visão iluminada, ninguém nem nada é desprezível.

-oOo-

Temos de aprender a doar-nos em serviço, em todos os lugares e de todas as maneiras possíveis e necessárias.

-oOo-

"Como posso auxiliar você?". Esta deve ser a pergunta constante em relação a cada um e a todos.

-oOo-

Se queremos ajudar – de um modo pequeno ou grande, como quisermos chamá-lo – devemos fazê-lo a partir de um interesse natural, de um impulso que vem de dentro, e porque não podemos resistir em assim fazer.

-oOo-

Somente na medida em que nos damos em amor, que busca auxiliar e servir, é que transcendemos a nós mesmos e desenvolvemos aquela consciência que incorpora o apercebimento de nossa unidade essencial com os outros.

-oOo-

O trabalho de auxiliar a outros – a humanidade e os indivíduos ao redor de nós – deve tornar-se completamente absorvente.

-oOo-

Faça da vida uma forma perfeita para a expressão do espírito de auxílio e de sua atuação sobre o mundo.

-oOo-

Ajudar, mas ser inconsciente da ajuda; não saber que se está abençoando, mas transmitir a plenitude de toda a bênção possível – não é essa a maravilha que acontece quando uma pessoa é verdadeira e completamente gentil e prestimosa?

-oOo-

Não há nada repugnante ou atrativo ao mais puro espírito de serviço.

-oOo-

Se é para você ser de real serviço, você deve estar pleno de reverência pelo eu interior que está buscando expressar-se de sua própria maneira em todos os outros indivíduos. Você deve acercar-se da pessoa a ser auxiliada numa atitude de buscar compreender, numa atitude de respeito. Então, se você puder dar-lhe algo que será de valor em seu caminho particular e no estágio particular em que ela o está trilhando, isto é verdadeiro serviço.

-oOo-

A maior ajuda que podemos dar a nossos semelhantes, não somente em nossa cidade ou país, mas em todo o mundo, é viver uma vida que seja natural no sentido último do termo, belo nesta naturalidade, contudo, profundo e integrado, e portanto simples.

-oOo-

Trabalhe apenas por causa do trabalho, que é dar o maior auxílio do qual você é capaz, promover o bem de outros, sua felicidade.

-oOo-

Ao invés de estarmos presos pelo círculo estreito de nossos apegos e interesses isolados, temos de viver num centro de forças irradiantes que não retornam para nós – viver numa atitude de dar e auxiliar.

-oOo-

Aquele que aspira a auxiliar o mundo realmente deve, ele mesmo, ser capaz de encarar todas as situações calmamente e fazer delas o melhor.

-oOo-

Viver sem quaisquer distinções, dando tudo e não conservando nada, é fazer o Universo uno com você mesmo.

-oOo-

Existe uma santidade no serviço puro e não esperado.

-oOo-

Quando pensamos em auxiliar o mundo, em sermos irmãos para todos, devemos lembrar que o mundo significa também o indesejável que bate à nossa porta num momento inoportuno, as pessoas que podemos desgostar por alguma razão, física ou mental, aqueles cuja aparência ou maneiras possam ser desagradáveis para nossos gostos e aqueles de quem poderíamos ter vergonha se estivéssemos na sua companhia.

-oOo-

A pessoa tem de forjar a si mesma como um instrumento de serviço. Isto envolve uma reorganização radical de toda a natureza, um trabalho que está menos no plano exterior do que nos planos de seu ser interior. Esta reorganização equivale a um renascimento espiritual e a Fraternidade é a sua base.

-oOo-

Proclamar as verdades da vida superior e vivê-las é o serviço requerido de todos nós.

-oOo-

A verdadeira grandeza do ser humano está em ser nada, em abolir a si mesmo, enquanto que suas boas obras espalham-se por todos os lados.

-oOo-

Quando toda vida torna-se um poema de serviço, no sentido verdadeiro, puro, interno, então toda a vida cresce extraordinariamente bela; ela desabrocha como uma flor.

-oOo-

Desperte em cada um que você contatar os melhores impulsos, o mais puro e o mais belo nele; enriqueça e suavize a atmosfera circundante com pensamentos de florescente Divindade; Isso é realmente serviço, o mais belo e permanente.

-oOo-

15

Humildade e Simplicidade

A simplicidade está numa aproximação direta e não complicada das pessoas e das coisas, de maneira que nós as vejamos e as encontremos como elas são. Somente uma mente simples pode compreender e resolver as complexidades.

-oOo-

Do ponto de vista da Vida, que é divina, a essência da simplicidade, neste mundo completo e multivariado, está na verdade de suas expressões.

-oOo-

Simplicidade é uma clara separação entre as coisas essenciais e as não essenciais, entre o verdadeiro e o falso, e uma perfeita integração de pensamento e sentimento.

-oOo-

Aquilo que é simples não é suscetível a nenhuma ação externa. Aquele que é simples de coração não é afetado por injúrias.

-o0o-

Humildade não é mera consciência de nossas pequenezas, o que poderia ser apenas um sentimento de desapontamento por não sermos tão importantes como desejaríamos ser, nem é autodepreciação. Ao contrário, é a erradicação de toda a presunção, de forma que nos tornemos doces e belos, tenhamos uma abertura de mente e coração e sintamos um respeito realmente profundo pelo outro, quem quer que ele seja, baseado no reconhecimento de sua Divindade.

-o0o-

Ser simples em propósitos é ser direto, um curso natural que adapta o meio ao fim, para assim mover-se adiante com economia de esforços.

-o0o-

Devemos estar ocupados tentando conhecer a nós mesmos, o que significa desapegarmo-nos e simplificar a nós mesmos.

-o0o-

A simplicidade que reduz tudo aos seus valores essenciais é a marca do homem ou mulher espiritual. Ela é discernimento entre o essencial e o não essencial.

-oOo-

É um erro pensar que o serviço de caráter humilde não é de importância. E a atitude do servidor que é mais importante.

-oOo-

A simplicidade tem significado porque ela diz pouco e transmite muito; ela é definida pelo que ela rejeita bem como pelo que ela inclui.

-oOo-

A simplicidade é uma qualidade divina que, numa obra de arte, é uma expressão de sua unidade; na vida, de sua clara direção.

-oOo-

Seja simples – não com a simplicidade da negação, mas com a profundidade da compreensão.

-oOo-

A humildade indica a proximidade da grandeza, o evento próximo do desembocar das águas de si mesmo no oceano ao qual elas pertencem,

-oOo-

Seja simples até o último grau e, portanto, infinitamente capaz.

-oOo-

Se nossas ações trazem a verdadeira assinatura de nosso propósito, o fazer uma simples coisa nos encherá de contentamento. Devemos aprender a escrever a palavra simples que tem em si uma infinidade de significados.

-oOo-

A verdadeira simplicidade emana não da ignorância, mas da maturidade da sabedoria.

-oOo-

A verdadeira humildade torna-se a fonte de nossa sabedoria; quanto mais um ser humano sabe, mais ele percebe quão pouco ele sabe, e o mais sábio é o mais humilde.

-oOo-

As maiores verdades encontram sua expressão mais natural em formas belamente simples, cada uma sendo uma soma perfeita na qual a unidade do todo não é obscurecida por uma miscelânia de partes.

-oOo-

Humildade é uma condição de extremo autoesquecimento, um estado espiritual intensamente sensível.

-oOo-

A simplicidade é uma arte divina e natural. É a emergência da unidade a partir da diversidade.

-oOo-

Ser divinamente simples é estar naquele estado no qual tudo o que é supérfluo, obstrutivo e perturbador é posto de lado. Então a alma cresce e expande-se como uma flor na atmosfera de sua própria criação.

-oOo-

A verdadeira simplicidade está numa relação de integridade. Quando você vê as coisas como elas são, você é simples e você resolveu todos os complexos.

-oOo-

Quando todas as coisas, natural e espontaneamente, servem a um único propósito, há simplicidade; pois a vida é simples no centro, onde a unidade prevalece.

-oOo-

Quanto mais profunda for a fonte da ação, mais simples e verdadeira ela é, potente em sua pureza e solucionadora em seus efeitos.

-oOo-

Somente naquela simplicidade que é um perfeito vazio, bem como uma totalidade indivisa, é possível descobrir a beleza que está em toda a parte, a beleza que é capaz de ser expressa em sua própria vida ou ser percebida em uma outra pessoa.

-oOo-

16

Compaixão e Gentileza

Compaixão é um estado em si mesmo que responde à qualidade de cada coisa viva na Natureza. Ela tem tantas nuanças quantas são as formas de exprimir os infinitamente variados significados da Vida.

-oOo-

A compaixão é, essencialmente, sensibilidade, um sentir com, um responder a, sem qualquer tipo de resistência.

-oOo-

A generosidade é uma verdadeira pedra de toque; ela magnetiza um ser humano para todas as influências puras.

-oOo-

A compaixão contribui para a mais íntima compreensão; ela se ajusta perfeitamente a todos e a tudo, ela é a mãe da suavidade e da cura.

-oOo-

Compaixão, apreço, toda resposta bela às coisas, tudo que o capacita a levar a outra pessoa ao seu coração – estes são os modos pelos quais você chega ao contato direto, compreendendo-a.

-oOo-

Você pode simpatizar com a pessoa mais viciosa se você for além da crosta externa endurecida.

-oOo-

Temos de criar para nós mesmos um corpo de compaixão, no qual nossos semelhantes sejam células.

-oOo-

Cultive uma gentileza dinâmica que torne os outros gentis.

-oOo-

O ser humano de perfeita compaixão e sentimento pode extrair do depósito infinito de pensamentos e sentimentos aquelas forças e qualidades que melhor harmonizem-se com seus propósitos.

-oOo-

Toda forma de compreensão, emanando de um relacionamento compassivo, e um meio de aumentar a harmonia.

-oOo-

Quanto menos usarmos o mundo para nossos próprios propósitos e dependermos dele como um parasita, mais seremos capazes de simpatizar com aqueles que estão nele e auxiliá-los em suas lutas.

-oOo-

Auxiliamos a outros não ao interferirmos em suas vidas nem ao impormos nossas ideias sobre eles, mas sempre ao atuarmos num espírito de compaixão e identificação com eles em seus problemas e alegrias.

-oOo-

Que a base para a nossa ajuda seja a generosidade e uma completa compaixão que produza equilíbrio. Este equilíbrio, que é a correção de todo elemento de parcialidade, provém do apreciar a qualidade de cada coisa e pessoa como ela ou ele é, sem comparações e julgamentos.

-oOo-

Um pensamento generoso tem mais valor do que um presente material, porque ele não pode ser comprado.

-oOo-

Compaixão, combinada com a pureza, é a chave para aquela identificação por meio da qual nós descobrimos o significado interior em toda forma de vida em torno de nós.

-oOo-

Se um ser humano é verdadeiro e completamente generoso, todas as forças celestiais e espirituais são irresistívelmente atraídas para ele, porque ele se torna magnetizado por essas forças.

-oOo-

Esqueça-se de si mesmo e pense nas estrelas, na ilimitada extensão do céu, nas lindas flores do campo, nas maravilhosas verdades que você pode compreender, na compaixão, no encorajamento que você pode dar a alguém em necessidade, enfim, quase qualquer coisa exceto você mesmo e seus desejos.

-oOo-

17

Dando e Recebendo

Há uma infinidade em cada um de nós para doarmos; temos de descobrir o modo de fazê-lo.

-oOo-

Temos de aprender a dar com nossos corações. Quando auxiliamos a partir da nossa própria alma, não pode haver consciência de um auxiliador separada daquele que está sendo auxiliado.

-oOo-

A lei da Vida na senda ascendente é a lei da doação ou sacrifício, o que não é privação, mas a pura alegria para a mente e o coração irradiados por um divino impulso.

-oOo-

Nunca falhe em espargir amor, apesar de qualquer falta de resposta, real ou imaginada.

-oOo-

Quando você toma o sofrimento e a humilhação, a mágoa de todo tipo, com doce perdão, então tudo é transmutado na bênção que produz a mais pura alegria.

-oOo-

Deveríamos compreender todo o processo de nosso crescimento e florescimento em termos daquilo que é de valor em nós mesmos e necessitado por aqueles com os quais entramos em contato.

-oOo-

Enquanto estivermos situados no dilema: dar ou não dar, nós ainda não teremos chegado àquele ponto onde é possível dar completamente, puramente, naturalmente e alegremente.

-oOo-

Um ser humano que não quer nada, pode dar tudo.

-oOo-

O dar é a verdadeira natureza de nós mesmos. Em o que dar e como dar está a arte do viver espiritual.

-oOo-

Dar sem reservas e constantemente do melhor que se tem e se é, a cada um dentro de seu círculo de contato e ação, deve ser a lei de sua vida.

-oOo-

Que exista uma entrega completa tal que não possa haver um tomar de volta.

-oOo-

Sacrifício não é dor nem privação, mas preenchimento.

-oOo-

É possível dar a si mesmo, abandonar a si mesmo a tudo que é divino, sagrado e belo em todos os lugares e em todas as coisas.

-oOo-

Para cada um há um perfeito ajustamento possível. Por tal ajustamento a pessoa tanto dá como recebe.

-oOo-

Não querendo nada para você, você é capaz de sair e encontrar a todos; não buscando tornar-se qualquer coisa em particular, você se torna seu verdadeiro eu.

-oOo-

Manter todas as coisas que possui – bens mundanos, talentos, tempo, energia – como um depositário para o bem-estar de cada um e de todos é a marca do ser humano iluminado.

-oOo-

Dê a si mesmo com extremo abandono em generosidade. Então o objeto que você assim honra torna-se seu altar, seu Deus, a Realidade.

-oOo-

Que seja o melhor de você que você dá aos outros. Nossa amabilidade tem mais valor onde há mais necessidade.

-oOo-

Temos de construir em nós mesmos aquele movimento dirigido para fora que é o espírito de doação. A natureza da matéria é adquirir, possuir e fortificar a si mesma; a natureza do Espírito é nada prender, dar a si mesmo e a tudo o que ele controla, de acordo com sua sabedoria.

-oOo-

Você deve dar seu coração a cada um e a todos antes que ele possa centrar-se no Uno.

-oOo-

Dê e esteja satisfeito no dar, pois como tem sido afirmado, e com verdade, o Amor é a sua própria eternidade.

-oOo-

É somente quando estamos dando, mais que recebendo, que somos capazes de purificar todos os canais de nossa natureza e permitir às forças do amor brotarem e transbordarem em todas as direções.

-oOo-

Quando você dá seu interesse, sua boa vontade, sua simpatia, sua compreensão, você cria um puro relacionamento. Que não exista nada mais nele do que apenas este dar.

-oOo-

Se alguma coisa frustra nosso dar, então podemos realmente ficar tristes.

-oOo-

Se a atitude é inteiramente uma atitude de dar, todos os problemas estão fadados a cessar. Em tal atitude está a verdadeira dignidade.

-oOo-

À medida que o ser humano verdadeiramente espiritual doa a quem quer que necessite, esvazia-se apenas para ser recarregado na Fonte inesgotável dentro dele mesmo; não sendo uma poça de estagnação, mas uma fresca nascente de águas cristalinas que revigora a todos os que estão em volta.

-oOo-

Que eu me doe em constante e franco amor a todos os seres a quem eu jamais conheci e busque em meu coração o seu bem perpétuo.

-oOo-

Quando o dar torna-se a lei de autoexpressão, a Vida derrama todas as suas riquezas em você.

-oOo-

Doar-se com impecável inegoísmo, doar-se sempre mais e mais, torna-se o fim e o propósito na vida do aspirante.

-oOo-

Quando você cessa de doar, você cessa de ser, pois na vida espiritual radiação é existência; não há separação entre ser e fazer.

-oOo-

Aqueles valores duradouros em nós nunca podem ser mantidos para nós mesmos nem diminuídos ao serem dados a outros.

-oOo-

Quando nos fundirmos e dissolvermos numa entrega máxima, que nada deixa para trás; quando tivermos nos sensibilizado até as profundezas por uma fantasia de beleza; quando tivermos olhado no fundo do coração de um irmão e nos perdido nele; quando a divina compaixão nos tiver transformado em alguma outra coisa além do que normalmente somos, então será de fato a Divina Melodia a nascer em nós, e que soará em sua plenitude em algum dia perfeito.

-oOo-

18

Fraternidade

A fraternidade é o único relacionamento reto, porque somos participantes de uma e mesma Vida.

-oOo-

Todos os seres humanos são um só, mesmo que eles pareçam separados uns dos outros devido às suas diferentes individualidades.

-oOo-

Lembre-se de que cada indivíduo é uma letra no alfabeto de Deus; cada um, quer seja passado, presente ou futuro, um tema na Divina Harmonia; cada qual um grão de areia na praia da Eternidade.

-oOo-

Atitude fraterna significa aceitar cada pessoa como ela é, considerá-la com afeição e auxiliá-la da maneira mais natural e com a graça que nasce do não esperar qualquer retorno. Nenhum de nós conhece realmente as potencialidades do outro, quais são suas verdadeiras qualidades e capacidades, a que alturas ele brevemente elevar-se-á.

-oOo-

Aquele que se entrega à causa da Fraternidade encontrará infinita força e inspiração para si.

-oOo-

Nós descemos à diferenciação de todo tipo; devemos ascender à unidade de nossa Fraternidade.

-oOo-

A liberação das forças da Fraternidade, não qualificada por qualquer doutrina, é necessária para a redenção da humanidade de seu estado de fragmentação a um estado de totalidade.

-oOo-

Fraternidade, a verdade una de ação prática e ética, é um impulso dinâmico que cada um traduzirá de sua própria maneira e de acordo com seus meios e condições.

-oOo-

Quanto mais diferente eu sou dos outros, tanto mais eu necessito ser suplementado por eles no Trabalho.

-oOo-

A fraternidade é "um arco abrangente que reconhece as diferenças, mas que não esquece 'a unidade; é uma relação pura, sem possessividade, cordial e livre.

-oOo-

O mundo tem de ser total e efetivamente organizado para a paz, a liberdade e a cooperação, que são as manifestações práticas da Fraternidade.

-oOo-

Dedique-se a cada um de seus semelhantes.

-oOo-

Contemple em cada coisa comum sua glória eterna, seu bem secreto. Em cada um e em tudo há algo sagrado.

-oOo-

Para aquele que busca a Verdade, a Fraternidade é uma pedra de toque; ela deve ter precedência a toda doutrina.

-oOo-

Devemos compreender um irmão como ele é. Uma vez que cada um está, em si mesmo, além dos limites de qualquer definição, qualquer afirmação da verdade acerca de outro somente pode ser uma afirmação parcial.

-oOo-

O que o mundo necessita acima de tudo é Fraternidade, primeiro no coração do ser humano e, depois, como seu reflexo no mundo externo, uma integração de suas partes e funções espalhadas.

-oOo-

A fraternidade de raças, de nações, de classes, de sexos e idades deve ser nosso constante propósito, mantendo as distinções onde elas são naturais, mas harmonizando-as para o seu enriquecimento total e individual.

-oOo-

Que sejamos incansáveis soldados na causa do avanço humano; ir adiante apesar dos altos e baixos; recuperar-nos de todo contratempo; erguer-nos depois de cada queda; perseverar, por mais duro que seja cada esforço separado.

-oOo-

A fraternidade deve tornar-se não apenas uma regra objetiva mas, igualmente, uma realidade sempre presente, com sempre mais homens e mulheres ardendo em zelo para levá-la à prática.

-oOo-

Não aceitemos nenhum credo, nenhuma prática, nenhuma instituição que não responda ao teste da Fraternidade.

-oOo-

19

Espiritualidade

A espiritualidade é uma qualidade do ser mais íntimo, que permeia todo o reino da sua própria consciência e produz um fluxo de mente e coração a partir das mais puras fontes de si mesmo.

-oOo-

O estado espiritual é um estado de graça que vem por si mesmo à medida que nos apartamos do erro em nossas maneiras, em nosso pensamento, motivos e ação. O espírito penetra qualquer forma que esteja adaptada para recebê-lo.

-oOo-

Ser no tempo o que você é na Eternidade, externamente o que você é interiormente sempre, é verdade do ponto de vista do Espírito.

-oOo-

O Espírito é uno e contudo capaz de ser fragmentado numa infinidade de formas; fragmentado para nossas percepções, enquanto permanece como uma essência única que é também uma infinidade de essências.

-oOo-

A espiritualidade e o meio dourado da autoabnegação.

-oOo-

O ser humano espiritual é aquele que abriu caminho através da ilusão e da pretensão e unificou a si mesmo. Seus sonhos são sonhos por um lado e criações por outro.

-oOo-

O Espírito é o grande imensurável, o eterno, o infinito, o sempre desconhecido que, permanecendo Uno, expande-se no todo.

-oOo-

O estado espiritual não é uma condição fixa ou estática, nem uma plácida imobilidade, mas um estado de dinamismo e equilíbrio. É tanto negativo quanto positivo; negativo para a compreensão, positivo para a ação.

-oOo-

A vida é uma infinidade de significados incorporados em construções de matéria, significados para a Inteligência percebedora, que espiritualiza as evoluções da matéria e materializa as manifestações do espírito.

-oOo-

O viver espiritual é um preenchimento de momento a momento, no qual a pessoa externa está num estado de viva afinidade com o ser interno e torna-se uma extensão dele.

-oOo-

O Espírito, em si mesmo, não é matéria nem consciência, mas mescla-se a ambas, e através de suas manifestações podemos conhecer algo do que ele é.

-oOo-

O ser humano espiritual tem poucas necessidades, pois ele não se prende aos prazeres do passado nem se apega às satisfações do presente.

-oOo-

No reino do Espírito, conhecer é amar; seu conhecimento é o conhecimento da essência das coisas.

-oOo-

Ser espiritual não consiste em deixar o mundo, pôr uma vestimenta especial, realizar cerimônias particulares, sendo religioso em qualquer sentido convencional. O estado espiritual é um estado de consciência e de ser, é uma integração de mente e espírito.

-oOo-

O ser humano que almeja uma perfeita idoneidade espiritual em seu viver tem de transcender toda a ânsia de qualquer tipo, toda fraqueza que pede por indulgência, e atingir um estado de completo autodomínio, bem como absoluta não possessividade.

-oOo-

Espiritualidade não é respeitabilidade embotada nem conformidade crédula, mas uma vida delicada, intensa, cheia de romance, encantadora e misteriosa.

-oOo-

Nós podemos rastear a qualidade do Espírito somente nas obras reais de um ser humano ou de um povo, na natureza de seus pensamentos e vidas, na filosofia que os molda naquilo que eles são.

-oOo-

O Eu espiritual é o Deus oculto no ser humano, a pedra de toque da realidade para tudo o que ele é e faz, de quem toda criação é uma manifestação de harmonia, uma revelação da verdade.

-oOo-

O ser humano verdadeiramente espiritual conforma-se a um padrão todo dele.

-oOo-

O Espírito não tem raça, nacionalidade, religião. Ele está fora de todas as identificações. Aquele que é espiritual sente-se livre para olhar as coisas de qualquer ponto de vista e não está comprometido a nada parcial ou exclusivo.

-oOo-

O estado espiritual é um estado natural, um estado de tranquilidade e uma delicada polaridade em harmonia. É um estado no qual a forma exterior da mente e do funcionamento físico conforma-se à forma própria interior ou a verdadeira forma de si mesmo.

-oOo-

O Ser espiritual é aquele que transcendeu o jogo dos opostos e integrou a si mesmo. Por causa de sua totalidade ele pode encontrar cada um com todo o seu ser. Cada coisa que ele traz à sua consciência torna-se, em sua natureza interior, una com ele mesmo.

-o0o-

O viver espiritual é viver da maneira mais natural, sem pretensão nem pose, leve e facilmente, de acordo com a natureza do Espírito, de forma que todo pensamento, todo sentimento e toda ação partilhem desta natureza e fluam na direção determinada pelo próprio Espírito.

-o0o-

Trilhar a senda significa nada menos do que nossa própria natureza ter que passar por uma reforma radical, uma inteira reconstrução, e chegar a um estado de perfeita e bela harmonização. Todo elemento em nós mesmos que não está em consonância com este propósito, que impede a luz interior de ser tudo em tudo, tem de ser eliminado no processo.

-o0o-

O ser humano espiritual é alguém cujo coração está vazio de todos os propósitos e desejos pessoais e aberto a todos os seres em toda a parte, e portanto uno com todos os seres e coisas.

-o0o-

O viver espiritual é uma vida de ação todo o tempo, mas não ação que surge de motivos autocentrados. É ação no verdadeiro sentido e não "re-ação".

-oOo-

Para aquele que trilha a senda, o presente é sempre o presente, sem quaisquer resíduos do passado. Ele começa de novo o tempo todo. Sua vontade é uma nova vontade de momento a momento, embora uma vontade que gravite para o mesmo Norte inalterável.

-oOo-

A visão espiritual, mesmo quando se volta para fora, em direção a este mundo imperfeito e em evolução, é capaz de perceber todas as coisas em relação com sua própria harmonia.

-oOo-

O Ser espiritual é como uma criança em sua inocência, naturalidade e simplicidade, embora ele seja a fonte da própria Sabedoria.

-oOo-

Aquele que deseja seguir o caminho da pureza, que é espiritualidade, tem de afastar-se do mundo, de seus modos de pensamento e das reações correntes e em voga entre aqueles que fazem do mundo o que ele é.

-oOo-

O viver espiritual é um viver criativo, para o qual tudo o que é desarmônico ou produtor de miséria é um desafio.

-oOo-

O ser humano espiritual é verdadeiramente prático, de acordo com as leis da Natureza; ele constrói para todos os tempos; ele conquista pela inofensividade e amor.

-oOo-

Ser espiritual é atingir um estado que é uma absoluta negação dele mesmo, mas que dá lugar a toda forma possível de harmonia, a todo tipo de beleza, significado e realização.

-oOo-

O ser humano que é espiritual é um ser renascido no Espírito, que assim reconquista sua inocência perdida, sua jovialidade e simplicidade, mas para nunca perdê-la novamente.

-oOo-

A mudança que a espiritualidade implica é uma perfeita harmonização, a criação de uma unidade a partir das diversas possibilidades em nós mesmos, até que todo movimento que ocorre interiormente, junto com a ação que prossegue exteriormente, torna-se parte de uma sinfonia que expressa no tempo aquilo que se é na eternidade.

-oOo-

Aquele que quer viver espiritualmente não está preocupado com poder ou posição, com prestígio, lisonja, importância ou dominação, todas as quais têm de desaparecer se ele tiver que trilhar o caminho de sua própria retidão interna.

-oOo-

O ser humano espiritual aceita tudo o que vem a ele e, não buscando nada, está em harmonia com tudo.

-oOo-

Quando você se sente próximo de seus semelhantes, você está próximo da senda da santidade ou espiritualidade.

-oOo-

O ser humano que vai ser um filho do Espírito deve deixar que a Natureza seja seu molde, que o contorne à sua imagem e à sua própria eternidade.

-oOo-

A todo momento uma nova fragrância, a todo momento uma nova beleza; tal é a natureza da Vida em sua revolução espiritual.

-oOo-

As riquezas do Espírito, toda a beleza, toda a música, poesia, harmonia e amor contidos nele têm de tomar contorno e forma objetivos num plano ou noutro, e assim serem libertas na matéria oniabarcante.

-oOo-

Se cada um de nós puder ser um lótus espiritual, seremos capazes de encher o mundo com a pura fragrância do espírito e difundir nas mentes e nos corações das pessoas uma felicidade e uma esperança que não estão lá agora.

-oOo-

20

A Arte de Viver

A arte de viver – a própria palavra "arte" implica ação instintiva, não a ação determinada por um conjunto de regras ou código, embora tal ação possa obedecer certas leis. A arte está numa exploração de harmonia, em seguir a orientação de um impulso infalível, em aprimorar um ajustamento agradável.

-oOo-

As cordas de nossa vida diária são poucas em número, mas podemos criar infinita melodia com elas.

-oOo-

A única lei do viver é a lei que ajuda outros; na medida em que você esquece a si próprio, você está livre para ajudar o mundo.

-oOo-

Quanto mais plenamente se aceita e se honra a vida no presente, mais fácil e belamente ela flui em direção ao futuro.

-oOo-

Seja sempre tranquilo e nobre, gracioso e sorridente, lembrando o Senhor de *Kailāsa*, aquele pico de solidão e absoluto desapego que contudo emite uma intensa radiação de benevolência.

-oOo-

Há um modo de viver tão vital, jovial, original, espontâneo e dinâmico que a vida se torna uma transformação, um estado de perpétua alegria, um êxtase inato que nada pode destruir.

-oOo-

Cada um deve conduzir a si mesmo, o que implica inteligência, um propósito claro, uma visão de si mesmo, uma disposição de determinar seus passos por si mesmo, a aceitação de sua responsabilidade e a faculdade de julgamento puro, individual e não influenciado.

-oOo-

A arte do viver belo e feliz é viver de acordo com as leis da Natureza, em harmonia com aquela ordem universal sutil à qual todas as coisas devem inevitavelmente ascender. Quando uma pessoa está num estado de harmonia, ela está em paz consigo mesma e com os outros; ela se torna um canal para aquelas forças que criarão paz e felicidade para todos.

-oOo-

Submeta-se àquilo em você que tem conhecimento do Eterno Mistério, cujo encanto e beleza está em toda a parte.

-oOo-

Seja humano no sentido mais pleno e mais belo, derramando consideração gentil, delicadeza e graciosidade, mas com um desapego primoroso.

-oOo-

Você não pode mover-se sem deixar pegadas que outros poderão seguir.

-oOo-

Compete-nos descobrir aquele ponto que é a meta, a soma de nossas aspirações bem como a origem de nosso presente ser, e quando tivermos descoberto este ponto, ele será um tema plenamente suficiente, que toda a vida poderá desenvolver-se numa sinfonia sempre ampliada, unida por uma lógica infalível.

-oOo-

É maravilhoso viver sem reservas, com abandono, na plenitude de nossa capacidade.

-oOo-

Viva belamente, com infinita graciosidade, abandonando toda a busca pessoal, puro como o lótus que é inconsciente de si mesmo.

-oOo-

Nossa única preocupação deveria ser o dever do momento, o dever que vem do passado reconhecível, e o dever, que é uma alegria, de viver tão prestimosamente, tão belamente como possamos, de momento a momento.

-oOo-

Sem profundidade de compreensão, sem a completa identificação de nós mesmos com a Verdade como nós a conhecemos, não pode haver sentido, naturalidade ou beleza em nossas vidas.

-oOo-

Viver não é meramente experienciar, mas também agir. Não pode haver reta ação sem compreensão. A essência de toda a compreensão está em experienciar o próprio ser do objeto a ser compreendido.

-oOo-

Treine-se a viver numa situação por um tempo, sem nem mesmo tentar resolvê-la.

-oOo-

Nosso trabalho é a recriação da vida à medida que a encontramos; a evolução de uma ordem mais de acordo com a verdadeira natureza de nós mesmos.

-oOo-

Quando você pode expandir um Universo com seu coração e mantê-lo sempre aberto, fresco e sensitivo à luz e a toda radiação cósmica secreta, e ao mesmo tempo contraído ao ponto onde você pode agir com toda a força de seu ser, e então unir a circunferência com o centro, você vive não apenas com uma pequena parte de si mesmo, mas com toda a extensão de seu ser, específico em cada feito, positivo para a ação, contudo negativo para receber as mais sutis impressões de pessoas e coisas, e com um coração vazio de todo o desejo, mas sempre estendido como um tapete de oração no qual você pode receber quem ou qualquer que seja, o objeto de sua adoração e busca.

-oOo-

Viver naturalmente é realmente viver em liberdade interior de coração e mente. Natural, neste sentido, significa de acordo e em harmonia com sua natureza original, sempre incorrupta e não distorcida.

-oOo-

A arte de viver não está em viver sozinho, mas também em viver e trabalhar com os outros, compreendê-los e cooperar para qualquer bom propósito comum.

-oOo-

Viver em constante comunhão com toda a vida, aprender a fazer o supremo sacrifício com a vontade em todos os momentos, saber como dar, tornar a dádiva divina; o que pode ser mais belo do que isso?

-oOo-

No mais insignificante e pequeno ato deixe a marca de seu verdadeiro nome.

-oOo-

Viva no agora eterno, como um pássaro que não se preocupa com o dia seguinte. Liberte-se dos medos nascidos de memórias infelizes, igualmente das esperanças de preenchimento preconcebidas, de tudo aquilo que é um produto dos aspectos mecânicos da mente.

-oOo-

Ofereça aos outros a água pura de sua própria conduta perfeita.

-oOo-

Viver criativamente não é meramente criar algo a partir de uma comoção ocasional interna, mas recriar ou regenerar-nos, de forma que possamos ser capazes de criar a partir de uma inesgotável corrente em nós mesmos.

-oOo-

Viva cada momento como se estivesse construindo um templo perfeito.

-oOo-

Todo pensamento deve ser transfundido com uma bela emoção; toda reta emoção iluminada por um pensamento apropriado; assim haverá uma perfeita combinação de mente e coração, e as riquezas de seu funcionamento conjunto.

-oOo-

Refinamento é uma qualidade a ser almejada na linguagem, no gosto e nas maneiras.

-oOo-

Como podemos viver na Eternidade? O que é eterno viverá na Eternidade; o que é do tempo viverá e perecerá no tempo. Viver na Eternidade significa viver em plena comunhão com tudo o que acontece.

-oOo-

Podemos agir nas mínimas coisas com a significância, precisão e arte do vasto plano cósmico. Cada situação, cada incidente pode ser transformado num quadro perfeito, e ele deve ser tornado significativo pela nossa participação nele.

-oOo-

Deveríamos ter seriedade de propósito, e ao mesmo tempo uma atitude de serenidade relaxada e feliz.

-oOo-

A pura arte de viver consiste em cada um determinar para si mesmo seus próprios padrões, e não viver como um mero reflexo da multidão.

-oOo-

Todas as nossas ações devem trazer a verdadeira assinatura de nosso propósito; nosso ser inteiro, calmo e equilibrado, deveria dirigir-se a cada ponto de ação para que assim, por mais pequena ou simples que seja esta ação, ela tenha dentro de si uma infinidade de significados.

-oOo-

Torne toda saudação uma saudação perfeita; todo ato diário um gesto divino.

-oOo-

Deixe que cada momento seja perfeito em si mesmo e um belo prelúdio para o próximo, não antecipando o que está por vir, em vã expectativa e esperança, mas pela perfeição em encarar as demandas do presente.

-oOo-

Viva com a mente e as emoções em seu movimento mais abarcante, contudo com um toque delicado e distintivo; estabeleça toda situação em seu embasamento mais significativo e ilimitado; conheça, pela autoidentificação, toda nuança de pensamento e sentimento dos outros dentro de seu raio de ação; mantenha apenas aquele tom e tensão que toda brisa passageira pode transformar numa melodia.

-oOo-

A pérola de grande preço está em você mesmo, mas você tem de encontrá-la na perfeição realizada em sua vida.

-oOo-

O mundo pode ser enfadonho; se assim for, você deve iluminá-lo com a sua presença.

-oOo-

Há uma arte de viver, que é maior do que qualquer outra arte. Quando esta arte é conquistada, então, e somente então, o ser humano, verdadeiramente, pode se dizer realizado, marcado por um desenvolvimento completo.

-oOo-

Se nossas vidas estão estagnadas, é porque não há fluir de interesse para os outros, não há comunhão com a vida ao nosso redor; nossas relações com os outros são parciais e amplamente sem vida.

-oOo-

O aspirante tem o dever de dar um exemplo de um novo modo de vida que deve ser caracterizado por uma bela simplicidade, uma ordem progressiva e as belas implicações de sentimento humanitário e aspiração inegoísta profundos.

-oOo-

A vida é para os vivos. Somente vivem verdadeiramente aqueles que, mesmo sendo em pequenos atos, curtos instantes e frases, dão expressão àquela infinita música, bondade e beleza que estão dentro de si mesmos, em reserva e em possibilidade.

-oOo-

Devemos ser perfeccionistas em cada particular. Nosso caráter é construído em nossas vidas diárias, moldado por nossas reações a todas as pequenas circunstâncias. O Universo é assim construído para produzir o melhor em cada um de nós, por pouco que o compreendamos.

-oOo-

Temos de moldar cada parte de nosso viver, todo o nosso pensamento e ação, mais próximos da meta de nossa aspiração.

-oOo-

Pronuncie cada palavra, realize cada ação, encare cada situação diante de um altar interno onde você se ajoelha em extrema adoração e autoentrega, sob o selo e o signo de seu supremo Eu.

-oOo-

21

Em Direção às Estrelas

Há uma Estrela da Eternidade, para a qual somos guiados pelas revoluções do Tempo.

-oOo-

Há uma estrela que preside sobre nosso nascimento e ocaso, uma estrela que gira eternamente conosco; ela é a estrela de nosso destino.

-oOo-

A Estrela Mística é aquela fonte de luz e vida, o Sol Espiritual central, cujos raios constituem tudo o que está no Universo.

-oOo-

A luz da Estrela distante pode chegar mais perto do coração daquele que está aberto a seus raios. É a estrela de seu próprio ser, e que constitui aquele ser.

-oOo-

Quando a escuridão sobrevém, os céus estão flamejantes com a luz das estrelas; quando rompe o amanhecer, uma única luz brilha sobre todas as coisas.

-oOo-

A direção de nosso progresso está em vermos os valores essenciais – o verdadeiro, o bom e o belo – sempre mais e mais claramente, e incorporá-los em nossa vida e ações.

-oOo-

A forma ou cálice perfeito, que é nossa individualidade, está oculta de nossa visão imperfeita por um véu de tempo tecido no dourado tear de Deus.

-oOo-

Cada um de nós é, na verdade, um orbe espiritual de luz e beleza esperando para ser compreendido.

-oOo-

Há sempre a brilhante e matutina estrela que resplandece acima do horizonte de nossa ignorância.

-oOo-

Aquelas ideias brilhantes que pertencem ao reino arquetípico, as mais puras, as mais divinas intuições do ser humano, as notáveis criações de seu ser subjetivo, serão todas como estrelas num novo céu da humanidade, a serem refletidas na nova terra que aquele céu trará à existência.

-oOo-

Dentro de seu próprio coração está a expansão ilimitada da cognição. Aí podem ser vistas todas aquelas realidades que são as estrelas que iluminam o seu céu.

-oOo-

O importante é a direção que tomamos, nossa orientação. Não podemos conhecer a magnitude da Estrela, mas podemos encontrar sua verdadeira direção à medida que progredimos, sendo esse progresso, em realidade, um conhecimento do que é, em relação àquilo que somos profundamente dentro de nós mesmos.

-oOo-

Nossas vidas giram em torno de um polo distante, o fim longínquo. Este polo permanece fixo entre as estrelas de nosso céu.

-oOo-

Chega o tempo em que a Estrela-Vida culmina nos céus e não mais tem de descer daí em diante. Não há mais ocaso e, portanto, não há mais nascer; ela permanece eternamente nos céus.

-oOo-

A perfeição, a potencialidade do encanto que está em toda parte, é inevitável. Ela é a eterna Estrela que de forma dominante traz todos os processos a seu fim designado e preside sobre nossa viagem através da vida.

-oOo-

Nas profundezas do espaço caiu uma maravilhosa Estrela e partiu-se em raios. Os reflexos destes raios reúnem-se como uma floração de múltiplas luzes.

-oOo-

Somos como águias engaioladas; mas mesmo detrás das barras podemos dar uma olhada nos vastos céus e extrair inspiração de uma estrela.

-oOo-

Um ser humano é, em seu ser interior, uma minúscula estrela que se eleva e se põe muitas vezes durante a vida terrena mas, finalmente, seu brilho, elevado a um poder superior, livre do apego a uma personalidade restrita, toma seu lugar nos céus. Tais estrelas constituem a glória de nosso céu espiritual.

-oOo-

A semente de nossa perfeição é a Mônada, o princípio gerador de nossa natureza, a Estrela solitária cujos raios lampejantes iluminam a câmara de nossa consciência, que seria escura se não fosse ela.

-oOo-

A Estrela Mística é aquela luz longínqua e contudo próxima, que transcende todas as luzes menores, que são apenas reflexos dela, e que variam de uma para a outra. A Luz torna-se una com este reflexo, que é o coração purificado do ser humano.

-oOo-

Nosso estado interior tem de ser estabelecido de tal forma que esteja sempre aberto em direção a um meio céu ou gire em torno de uma diretriz que coroará, com seus raios benéficos, cada aspecto de nossa vida.

-oOo-

Cada indivíduo é uma estrela numa hoste de estrelas, com as quais a esfera celeste está flamejante, todas girando em torno daquela estrela diretriz que é a Estrela de toda a existência.

-oOo-

Além da estrela brilhante, longínqua, solitária, expande-se um Universo infinito.

-oOo-

Quanto mais superior a fonte de sua iluminação, menor a sombra que você lança. Habite na luz sem sombras.

-oOo-

Sejamos sempre fiéis à Estrela dentro de nós que é, ao mesmo tempo, misteriosamente, o Mestre bem como nosso Eu supremo, o mais puro, o mais incondicionado, onde a unidade e a paz habitam.

-oOo-

22

O Mestre

Os Adeptos de nosso Sistema são o seu fruto e florescência; e o aparecimento de cada um Deles significa uma nova riqueza no sangue da humanidade, um novo poder para acelerar sua expressão. Eles são os modos evoluídos de consciência que, na ordem conveniente, tomam precedência em relação ao resto e tornam-se agentes despertos para a redenção do mundo de sua inércia, incoerência e ignorância original. Do ponto de vista do Espírito que olha para baixo, Eles oferecem a Si próprios como o Sacrifício que forma a cruz do Espírito sobre o seio da matéria, no que diz respeito ao nosso esquema de evolução.

-oOo-

Quando pensamos num Homem Perfeito, a imagem que fazemos será mais bela, mais nobre, serena e inspiradora quanto mais formos capazes de compreender em nós mesmos algo do significado dessas qualidades.

-oOo-

Cada Grande, à medida que é solicitado a representar a Sua parte no esquema, imprime em Seu trabalho a marca de Sua própria individualidade. Devemos copiar Seu exemplo.

-oOo-

O Mestre é mais do que um Homem objetivo; Ele é uma entidade subjetiva, uma realidade que é sentida apenas no coração.

-oOo-

Porque o Adepto é tão aberto a todos, Ele compreende cada vida como ela é, e conhece sua natureza essencial. Ele está em comunhão com toda a vida nos níveis mais profundos.

-oOo-

Os sete Adeptos são as sete notas da escala, o espectro que cria a Luz perfeita.

-oOo-

Cada vida é um impulso do Divino. No Mestre, o impulso desabrochou e revelou a plenitude de sua beleza inata.

-oOo-

Na natureza do Homem Perfeito é o Espírito que predomina, não a matéria.

-oOo-

Há um Mestre Divino em nós mesmos, cuja existência podemos sentir se quisermos; ele é um espectador silencioso do drama interpretado pela personalidade exterior e pode intervir ocasionalmente, quando há a necessidade e a possibilidade de intervenção.

-oOo-

É somente quando há perfeito domínio sobre nós mesmos, e nossa natureza inteira pode ser reunida numa unidade, que podemos oferecer-nos inteiramente ao Mestre e a oferta ser real.

-oOo-

A consciência de um Adepto é como a eletricidade que brilha através de um filamento; ela não é inerente ao filamento.

-oOo-

O Mestre é, acima de tudo, uma personificação da Verdade, e seguir o Mestre é seguir esta Verdade, que está igualmente em nós mesmos.

-oOo-

Os Adeptos são a florescência de uma era. Em Sua presença, a pessoa sente-se como num verdadeiro jardim de flores.

-oOo-

À medida que desponta em nós, em nossa apreciação das coisas, a até agora não revelada majestade e beleza, nós contemplamos o Mestre, que é a personificação daquela beleza e majestade.

-oOo-

O Mestre é um todo e não uma parte, a integridade da perfeição espiritual.

-oOo-

Para ver o Mestre em Sua verdade você tem de sair de trás da cortina escura de seu passado.

-oOo-

Os Adeptos são as obras-primas da Natureza. Neles a Verdade, a Bondade e a Beleza estabeleceram sua morada. Eles são personificações mortais das verdades imortais.

-oOo-

Minha vida deve girar em torno do eixo da dedicação ao Mestre e de toda a Verdade que Ele representa e personifica.

-oOo-

Antes que consagremos nossa vida e trabalho a Ele, eles devem ter a requerida qualidade. Devemos estabelecer em nós mesmos uma retidão que deve ser como a espinha dorsal de nosso ser.

-oOo-

Todos os grandes Instrutores espirituais são notavelmente diferentes. Eles são flores diferentes, brotadas da mesma Raiz espiritual.

-oOo-

Podemos conhecer o Mestre somente através de Sua presença em nós mesmos; e podemos sentir Sua natureza somente na medida em que nossa natureza corresponda à Sua.

-oOo-

O Guru totaliza para a pessoa todo o Universo, com todas as suas hierarquias e sua matriz comum única, pois tudo que se pode compreender dele está em Sua compreensão.

-oOo-

Neles, o Tempo está unido com a Eternidade.

-oOo-

O Mestre tem trabalho para todos os que partilham de Seu propósito impessoal. Ele não é apenas um reservatório de força, uma fonte de sabedoria espiritual, mas também uma Inteligência que guia.

-oOo-

Para conhecê-lo verdadeiramente você deve amá-lo e reconhecê-lo em todos os seres.

-oOo-

Porque o Adepto é tão subjetivo, tão desenvolvido na natureza espiritual, Ele é como uma chama, a chama sendo a própria essência da vida.

-oOo-

Receba e transmita a Sua influência de tal forma que seja enviada em perfeitas sílabas de definição.

-oOo-

O Mestre une o ser do discípulo com o Seu próprio, e a energia que flui é uma pura energia que o discípulo usa para mudar a si mesmo, uma mudança que envolve a harmonização de todos os seus princípios em um estado de funcionamento integral.

-oOo-

Aprendamos a olhar para todas as coisas como o Mestre as olha, elevar nossos corações e olhos até o topo da montanha onde Ele habita, às alturas onde o ar é sereno e puro e onde é possível apanhar os primeiros raios do sol nascente, que são aquelas ideias que se filtram em nosso mundo de crepúsculo, provenientes do Pensamento Divino.

-oOo-

Cada Adepto tem um plano maravilhoso, uma atitude única. Mas o plano que Ele desenvolve espontaneamente, como uma melodia, está sintetizado num Plano maior.

-oOo-

Lealdade ao Mestre significa lealdade à Verdade que Ele personifica e o dever que devemos a Ele, que traz a Verdade a nós.

-oOo-

Nos Adeptos, a perfeição do completo desenvolvimento é evidente. Eles são extremamente práticos e ocupados por um lado, economizando cada grama de força e usando-o com a melhor vantagem, mas Eles são também refinados, com um requinte e fineza de maneiras verdadeiramente aristocráticas. O seu refinamento não é artificial, mas natural. Assim como uma flor é um produto finalizado da Natureza no estágio de planta, assim é o Adepto no humano.

-oOo-

Estenda diante Dele o tapete de oração de sua humildade.

-oOo-

Descubra aquilo ao qual você pode fazer uma completa entrega de si mesmo. Isto é o Mestre; isto é a Verdade.

-oOo-

Há em todos Eles um frescor, uma espontaneidade, uma inalterável qualidade de imortalidade, que são verdadeiramente Divinos.

-oOo-

Não podemos conhecer o Mestre enquanto não nos tornar--mos unos com Ele. Onde somos belos, lá somos unos com Ele; Seu ser é expresso através do nosso.

-oOo-

Quando eu quero algo para mim mesmo, eu O esqueci; quando esqueci a mim mesmo, eu me lembro d'Ele.

-oOo-

Há um Mestre dentro de você mesmo, e um caminho no qual Sua voz pode ser ouvida, e Sua mão orientadora ser sentida.

-oOo-

A consciência do verdadeiro Instrutor, que é a personificação da Verdade e da Sabedoria, é para a do discípulo como o útero espiritual que sustém e desenvolve o embrião, a própria semente divina do discípulo sendo o princípio gerador.

-oOo-

Eu mesmo posso não conhecer muito; mas posso conhecer todas as coisas através Dele.

-oOo-

A pessoa pode ser ensinada em silêncio, pois o Mestre pode comunicar-se interiormente; pode haver a circulação das correntes de vida entre Ele e aquele que entrou na esfera de sua influência, como há entre uma mãe e a criança aninhada nela.

-oOo-

Que eu possa receber nas mais frescas pétalas de meu coração as gotas de orvalho de Sua Sabedoria.

-oOo-

O Mestre a quem procuramos não deve ser um mero nome ou imagem, mas sim uma Realidade sempre mais bela. Em termos de nossa experiência, que é, relativamente falando, a realidade para nós, Ele é o Ideal, o *ne plus ultra* de nossa presente compreensão, a personificação de tudo o que é mais belo para a nossa imaginação. Ele representa a concepção que cada um de nós tem da perfeição humana ou espiritual que esperamos um dia atingir.

-oOo-

Você não pode ver o verdadeiro Mestre exceto na luz celestial vertida no sacrário de seu coração, através da janela cor de rosa da Eternidade, estampada na parede do Tempo. Você deve invocar um raio do espírito da Eterna Beleza para criar aquela Figura arquetípica.

-oOo-

Naquela harpa que é o Mestre, qualquer brisa passageira somente pode produzir música suave.

-oOo-

Imagine como Ele vive, sabendo que nossas mais nobres imaginações podem apenas tocar um traço de Sua realidade. Contudo não tenha medo, não busque manter as aparências; mergulhe e tente.

-oOo-

Há apenas uma única outra Pessoa além de mim mesmo. Ela me encontra em todos os ângulos, em todas as aparências e eu devo reagir a Ela em cada uma destas para que assim todas as reações possam combinar-se e criar um todo harmonioso, um acorde perfeito.

-oOo-

O Mestre é a estrela de nossas aspirações. Esta estrela crescerá em brilho e poder à medida que a contemplamos e orientamos cada movimento de nossas vidas em sua direção.

-oOo-

É no silêncio de uma vida completamente autoesquecida que a voz do verdadeiro Mestre é ouvida, e é ouvida no fundo da melodia que retrata a Verdade acerca de nós mesmos.

-oOo-

O Mestre é a soma de todos os verdadeiros ideais. Sua vida é uma corrente que flui ao coração e o faz sentir como nada por si mesmo, contudo capaz de todas as coisas em virtude de Sua presença espiritual.

-oOo-

Ele me leva adiante, preenche-me e completa-me. Que eu possa entregar-me tão completamente, em todas as horas, à Sua luz; que minha vida possa estar em constante florescimento com Seu propósito.

-oOo-

Que eu não tenha nenhum outro propósito senão o propósito da Natureza; nenhum outro plano senão o plano de Deus; nenhum outro amor senão o amor a todos os seres; nenhuma outra vontade senão a vontade da Eternidade.

(61) 3344-3101
papelecores@gmail.com